刑法の目的と解釈

Shitara Hirobumi
設楽裕文

八千代出版

はしがき

　本書は、刑法及びその上位規範である憲法の規定を解釈して、〈刑法の目的は、刑罰によって人権が不当に侵害されないようにすること（人権侵害防止目的）である〉という結論を導き、これを基に、条文の文言の日常用語的語義を重視した解釈をおこなって、刑法解釈学上の重要問題につき、私見を展開したものである。概説書の類ではなく、さりとて体系書というほどのものにはなっていない。あえて名づけるなら、「体系準備書」とでも呼ぶべきものである。もっとも、各章の「課題の設定」において問題を定式化し、「私見の提示」において条文の文言から説き起こして私見を示すように、できる限りつとめているので、案外、概説書の類よりも理解しやすいものになったかも知れない。

　本来なら、本書を足がかりにしてさらに研究を進め、本格的な体系書に結実させるべきであろう。ただ、そのような機会が今後あるか否かは予測できない。

　本書は、最小限の紙幅内において私見の展開を試みたものなので、通常の論文とは異なり、注記は最小限にし、文献の表示については略語を多く用いている。言及していない学説、判例が多々ある点については、ご容赦願いたい。

　本書の出版については、八千代出版の森口恵美子社長及び井上貴文氏のお世話になった。心からお礼を申し上げる。

2019 年 8 月

設楽　裕文

目　　次

はしがき　*i*
凡　　例　*iii*

第 1 章　刑法の目的　　*1*
第 2 章　刑法の目的と解釈のあり方　　*7*
第 3 章　明確性の原則　　*13*
第 4 章　実行行為の類型性と危険性　　*23*
第 5 章　早過ぎた構成要件実現　　*29*
第 6 章　複数の個別行為と結果の発生―特に遅過ぎた構成要件実現について　　*35*
第 7 章　間 接 正 犯　　*41*
第 8 章　不真正不作為犯の作為義務　　*47*
第 9 章　因 果 関 係　　*53*
第 10 章　35 条による違法性阻却の基準　　*57*
第 11 章　正当防衛の趣旨と要件　　*63*
第 12 章　複数の反撃行為と正当防衛、過剰防衛　　*69*
第 13 章　故意と過失、そして錯誤　　*75*
第 14 章　共謀共同正犯　　*81*
第 15 章　承継的共同正犯　　*87*
第 16 章　離脱による共同正犯関係の解消　　*93*
第 17 章　中立的行為による幇助　　*99*
第 18 章　胎児性傷害・致死　　*105*
第 19 章　殺人罪と自殺関与罪　　*111*
第 20 章　傷害罪の「傷害」　　*117*
第 21 章　名誉の保護　　*123*
第 22 章　財物と財産上の利益　　*129*
第 23 章　民法的不法と財産罪　　*135*
第 24 章　窃盗罪と不法領得の意思　　*141*
第 25 章　詐欺罪と財産上の損害　　*147*
第 26 章　244 条 1 項と家庭裁判所により選任された後見人の横領　　*155*
第 27 章　取引の相手方と特別背任罪の共同正犯　　*161*
第 28 章　被害者に戻す行為と盗品関与罪　　*169*
第 29 章　文書の有形偽造　　*175*
第 30 章　103 条の「罪を犯した者」と「隠避」　　*183*
第 31 章　197 条 1 項の「その職務に関し」　　*189*

判 例 索 引　*196*
事 項 索 引　*199*

凡　例

＊法令略語

憲法　　　　　日本国憲法

児童ポルノ法　児童買春、児童ポルノに係る行為等の規制及び処罰並びに児童の保護等
　　　　　　　に関する法律

鳥獣保護法　　鳥獣保護及狩猟ニ関スル法律

＊判例略語

大判　　　　　大審院判決

最（大）判　　最高裁判所（大法廷）判決

最決　　　　　最高裁判所決定

高判　　　　　高等裁判所判決

地判　　　　　地方裁判所判決

支判　　　　　支部判決

簡判　　　　　簡易裁判所判決

刑録　　　　　大審院刑事判決録

刑集　　　　　最高裁判所刑事判例集

裁判集刑事　　最高裁判所裁判集刑事

高刑集　　　　高等裁判所刑事判例集

東高刑時報　　東京高等裁判所刑事判決時報

高刑判特　　　高等裁判所刑事判決特報

高刑裁特　　　高等裁判所刑事裁判特報

刑月　　　　　刑事裁判月報

LEX/DB　　　LEX/DB インターネット（TKC 法律情報データベース）

＊文献略語

Next 総論　　　設楽裕文＝南部篤編『Next 教科書シリーズ 刑法総論』弘文堂、
　　　　　　　2018 年

Next 各論　　　沼野照彦＝設楽裕文編『Next 教科書シリーズ 刑法各論』弘文堂、
　　　　　　　2017 年

現代　　　　　板倉宏監修・著、沼野輝彦＝設楽裕文編『現代の判例と刑法理論の
　　　　　　　展開』八千代出版、2014 年

法学刑法（1）　設楽裕文編『法学刑法 1 総論』信山社、2010 年

法学刑法（3）　設楽裕文編『法学刑法 3 演習（総論）』信山社、2010 年

法学刑法（4）　設楽裕文編『法学刑法 4 演習（各論）』信山社、2010 年

　以上の文献につき、〔　　〕で執筆担当者名が掲記されていないものは筆者が執筆した。

iii

百選 I	山口厚＝佐伯仁志編『刑法判例百選 I 総論』有斐閣、第7版、2014年
百選 II	山口厚＝佐伯仁志編『刑法判例百選 II 各論』有斐閣、第7版、2014年
小林・理論と実務	小林憲太郎『刑法総論の理論と実務』判例時報社、2018年
佐伯・楽しみ方	佐伯仁志『刑法総論の考え方・楽しみ方』有斐閣、2013年
団藤・総論	団藤重光『刑法綱要総論』創文社、第3版、1990年
仲道・再定位	仲道祐樹『行為概念の再定位—犯罪論における行為特定の理論—』成文堂、2013年
西田・総論	西田典之（橋爪隆補訂）『刑法総論』弘文堂、第3版、2019年
西田・各論	西田典之（橋爪隆補訂）『刑法各論』弘文堂、第7版、2018年
林・各論	林幹人『刑法各論』東京大学出版会、第2版、2007年
林・判例刑法	林幹人『判例刑法』東京大学出版会、2011年
前田・総論	前田雅英『刑法総論講義』東京大学出版会、第7版、2019年
前田・各論	前田雅英『刑法各論講義』東京大学出版会、第6版、2015年
松原・各論	松原芳博『刑法各論』日本評論社、2016年
山口・総論	山口厚『刑法総論』有斐閣、第3版、2016年
山口・各論	山口厚『刑法各論』有斐閣、第2版、2010年

第1章　刑法の目的

Ⅰ　課題の設定

　ここでの課題は、「刑法の目的は、どのようなものか」というものである[1]。刑法の解釈は刑法の目的に適合したものでなければならず、刑法をどのように解釈するかは刑法の目的をどのように解するかに関係してくる。刑法の目的は国の機関による刑罰権行使を適正化して国民の人権が不当に侵害されないようにすることであると解するなら、刑罰権行使の限界を明確に示す解釈が求められ、特に、犯罪となる行為の要件に関わる規定（罰条）については厳格な解釈がなされなければならない、ということになる。これに対して、刑法の目的は犯罪を防止することによる秩序維持であるとか法益保護であると解するなら、秩序を維持したり法益を保護したりするためにある程度積極的な刑罰権行使を許容する解釈がなされてよい、ということになる。もっとも、刑法にはひとつの目的しかない、というわけではないので、自由保障、法益保護、秩序維持といったものはいずれも刑法の目的に含まれ、問題は、「どのように優先順位をつけるか」、あるいは、「どの目的を重視して解釈をするか」であるともいえる。

　また、そもそも法の目的の確定も解釈の一部であると考えられるので、条文やその文言を無視して、「この法律の目的はこのようなものだ」といってみても、無意味である（例えば、刑事訴訟法1条が「この法律は、刑事事件につき、公共の福祉の維持と個人の基本的人権の保障とを全うしつつ、事案の真相を明らかにし、刑罰法令を適正且つ迅速に適用実現することを目的とする」と規定しているのを無視して、「この法律は事案の真相を明らかにすることは目的としていない」と解することはできない）。刑法の目

1　Next 総論 4 頁、法学刑法（1）15 ～ 16 頁、参照。

2　刑罰の目的・機能としては、応報感情の満足、法秩序への信頼感の保持、一般予防、特別予防、といったものが考えられる。さらに、2000 年以降、刑事手続きに、被害者参加、刑事和解、損害賠償命令、証拠収集等への協力及び訴追に関する合意（日本型合意ないし司法取引）といった制度が導入されると、被害者の救済、証拠収集等への協力の促進といったものも含まれることになる。設楽裕文「刑事手続改革と裁判所の役割の変容」法学紀要 60 巻 9 頁以下（2019 年）の 33 ～ 34 頁参照。

的も刑法や関連法規を解釈して確定されなければならない。

　なお、刑罰の目的・機能も刑法解釈のあり方に影響を及ぼす[2]。刑罰が有用のもので受刑者の利益にもなるのなら、積極的に刑罰を科す方向の解釈が求められることになる。これに対し、刑罰が受刑者はもとより社会にも利益をもたらさないものであるのなら、刑罰を科すのはできる限り控えた方がよい、ということになり、謙抑的な解釈が求められることになる。いずれにしても、刑罰の目的・機能と刑法の目的とを混同してはならない[3]。

Ⅱ　私見の提示

　刑法典には目的規定がないので、刑法の目的を探求する際には関連法規が重要な意味をもつ。中でも重大なものは、上位規範である日本国憲法である。その第3章には基本的人権に関する規定が多数置かれ、31条から39条は刑罰を科すことによる不当な人権侵害を抑止するための規定である。また、刑法典の条文を見ても、例えば、「人の身体を傷害した者は、15年以下の懲役又は50万円以下の罰金に処する」(204条) といった具合に、人の身体を傷害した者についてはここに規定された範囲の刑しか科せない（1000人に重傷を負わせた者でも無期懲役や死刑に処することはできない）ようにして、刑を科せる範囲を制限する規定が多数置かれている。ここから、刑罰は人権侵害に直結する危険なものである、と理解されていることが分かる[4]。以上から、刑法の最重要の目的は、「刑罰権行使を適正な範囲に限定し、刑罰によって人権が不当に侵害されない

3　「刑」と「刑法」とは異なるのであり、〈刑罰の目的は犯罪防止である〉ということから直ちに〈刑法の目的は犯罪防止である〉という帰結を導くことはできない。飯島暢『自由の普遍的保障と哲学的刑法理論』(成文堂、2016年) の90頁は、刑法の目的と刑罰の目的との乖離を回避するために、犯罪予防という刑罰の目的を見直す必要がある、とする。

4　憲法18条、31条、36条の反対解釈により憲法が犯罪による処罰として刑罰を科すことを許容していることは明らかであるけれど、なぜ、危険な刑罰を国民に科すことが許されるのか（刑罰権の憲法上の正当化根拠）は必ずしも明らかではない。条文上は13条の「公共の福祉」が根拠になるように思う。とはいえ、公共の福祉ないし社会全体の利益を理由に全ての人権を制約できるわけではない（例えば、長谷部恭男『憲法』〔新世社、第7版、2018年〕の112～114頁参照）。佐伯・楽しみ方5頁は、「個人に刑罰を科すことの正当化は、犯罪防止という社会の側の利益ではなく、当該個人の責任に求められなくてはならない」とする。刑罰権行使は、行使される個人の自律性、平等性、個人の尊厳を害するものであってはならず、また、個人が社会契約として合意した範囲内で許されるものであって、この範囲を示す〈契約条項〉がまさに刑法の条文（刑罰法規）である。契約違反を許容するような刑法解釈は妥当な法解釈とはいえない。

ようにすること」（人権侵害防止目的）である、と解する。犯罪防止、法益保護、秩序維持などは二次的なものに過ぎない。

　適正でない刑罰権行使としては、恣意的なもの、不明確なもの、不必要なもの、不当に重いもの等が考えられる。これらの抑止は、罪刑法定主義、責任主義、法益保護主義の内容とかなりの程度一致する。憲法の規定を見ると、31条、41条、43条、73条6号から民主主義の要請を充たし国民の意思に反しない法律による処罰が要請され、39条前段から遡及処罰が禁止されていることが分かる。また、31条と13条を併せて見れば、適正な法律による処罰が要請され[5]、不明確な法律による処罰の禁止、過度に広範囲となる処罰の禁止、罪刑均衡を失する処罰の禁止、行為者の意思に関わりのない所為の処罰の禁止、他人の法益を害しない所為の処罰の禁止を読み取ることができる[6]。

　さらに、類推（解釈）禁止も31条、13条から導き出すことができる。所為 a を処罰対象とする刑罰法規しかないときに、類似しているという理由で、同法規により所為 β を処罰することは、行為者を含む国民にとって予想外のことになるので、許されない。国民は、その代表者である国会議員を通じて、所為 a を処罰対象とする刑罰法規を定めたのであり、国が同法規によって予想外の所為 β を処罰することは、いわば越権行為ないし契約違反になる。すなわち、憲法前文にあるように、国政は「国民の厳粛な信託」によるものであり、刑罰法規は、国と国民との「刑罰権の行使はここまでとする」という約定であるといえるから、信託を受けた国ないしその機関（具体的には裁判官）は、国民の信頼を裏切ってはならないのであり[7]、裏切って損害を与えたとき、国は刑事補償や国家賠償をしなければならないのである。また、類推により予想外の処罰

5　罪刑法定主義の根拠として31条があげられることが多いけれど、大日本帝国憲法23条とさほど差異のない文言を用いた31条だけを見たのでは、人権侵害を防止するための適正な法律による処罰の要請を読み取ることはできない。11条ないし13条の規定を併せて読むことにより、そのような要請があると理解できることになる。

6　「罪刑法定主義」、「責任主義」、「法益保護主義」といった用語は多義的であり、論者によってさまざまな意味をもたせられがちであるので、ここではあえて使用しないことにした。筆者は憲法の規定から導出される「基本的人権保障主義」とでもいうべき原則が基本原則として相応しいと考えている。

7　佐伯・楽しみ方24～25頁は、類推解釈は国民に予測可能であっても法律主義に反するから許されない、とする。

がなされれば、被告人が不利益を被るのみならず、国民の行動の自由は制約され、国や法に対する信頼はゆらぎ、社会生活の安全・平穏は害され、国自体の崩壊さえ招きかねない。

刑法の目的と憲法の諸要請とを考えると、刑法は、憲法の要請に応えて、適正かつ合理的な範囲に処罰を限定し、また、国民に刑罰権行使の限界を明確に示すものでなければならない。したがって、その解釈は、文言を重視し、日常用語的語義の範囲内にある明確な結論をもたらすものでなければならない。

Ⅲ 私見の具体的展開

大判明治44年2月27日刑録17輯197頁の「Xは、Aが鯉を飼養している1号池、2号池の各排水口に敷設してある水門の板及び鉄製格子戸を外して、鯉を1号池より105尾、2号池より2750尾、流出させた」という事案をとりあげる。同判決は、鯉を流出させた行為が物を「傷害した」（261条）にあたるとした。

私見によれば、同判決の結論は支持できない。261条は「損壊」と「傷害」とを並記しているところ、「傷害」の日常用語的語義は生物に傷をつけること（生理的機能を害すること）である。池から鯉を流出させたことが「傷害した」に含まれると解釈することはできない。

大判昭和15年8月22日刑集19巻540頁の「機関手Xは、乗車勤務していたガソリンカーを速度超過の過失により転覆させて乗客を死傷させた」という事案をとりあげる。同判決は、「汽車」という用語は、通常、蒸気機関車で列車を牽引したものを指称するとしつつ、124条ないし129条の規定を設けた所以は交通機関による交通往来の安全を維持するため、その妨害となる行為を禁じて危害の発生を防止しようとするところにあるので、汽車代用の「ガソリンカー」を除外する理由はなく、両者は動力の種類を異にする点に主な差異があるに過ぎず、鉄道線路上を運転して多数の貨客を運輸する陸上交通機関である点において揆を一にすることから、129条の「汽車」は「ガソリンカー」を包含する趣旨と解される、とした。

私見によれば、同判決の結論は支持できない。「汽車」の日常用語的語義は蒸気機関車であり、これにガソリンカーが含まれると解釈することはできない[8]。

最判昭和 51 年 4 月 30 日刑集 30 巻 3 号 453 頁の「X は、行使の目的をもって、供託金受領証から切り取った供託官の記名押印部分を虚偽の供託事実を記入した用紙の下方に接続させて電子複写機で複写し、真正な供託金受領証の写しであるかのような外観を呈する写真コピーを作成した」という事案をとりあげる。同判決は、「公文書偽造罪は、公文書に対する公共的信用を保護法益とし、公文書が証明手段としてもつ社会的機能を保護し、社会生活の安定を図ろうとするものであるから、公文書偽造罪の客体となる文書は、これを原本たる公文書そのものに限る根拠はなく、たとえ原本の写であっても、原本と同様の意識内容を保有し、証明文書としてこれと同様の社会的機能と信用性を有するものと認められる限り、これに含まれるものと解するのが相当である」として、公文書の写真コピーは「文書本来の性質上写真コピーが原本と同様の機能と信用性を有しえない場合を除き、公文書偽造罪の客体たりうるものであ〔る〕」とした。

　私見によれば、同判決の結論は支持できない。「公務員の作成すべき文書」（155 条 1 項）の日常用語的語義は、公務員が作成する、文字で書き記した書類である。電子複写機で文字を表わした写真コピーは文字で書き記されているので「文書」に含まれるとは解しうる。しかし、当該公務員でない者が原本の存在を証明するためにとった写真コピーは、公務員が作成するものではないので「公務員の作成すべき」文書にあたると解することはできない[9]。したがって、本件において公文書偽造罪の成立を肯定することはできない（なお、名義人、作成者とも X であると考えられるから、私文書偽造罪も成立しないと思う）。

8　小林・理論と実務 63 頁は、「汽車」がガソリンカーを含むという解釈は「誤導に基づく不意打ちに近いのではなかろうか」とする。
9　林・各論 352 頁は、このような文書は、コピー作成者、すなわち私人が名義人であって、私人が作るべき文書である、とする。

第 1 章　刑法の目的　**5**

| 第2章 | 刑法の目的と解釈のあり方 |

Ⅰ　課題の設定

　ここでの課題は、「刑法の目的との関係で、刑法の解釈はどのようなものであるべきか」というものである。刑法の目的としては、刑罰権行使を適正な範囲に限定することによる人権侵害防止が最も重要なものではあるものの、法益保護を重視する見解も多い。人権侵害防止目的は罪刑法定主義につながり、その派生原則として類推（解釈）禁止や厳格解釈の要請といったことがいわれる。これに対し、法益保護目的を重視すると、法益を害する行為については拡張解釈により刑罰法規を適用することも許容されることになる。類推解釈と拡張解釈との境界は明確なものではなく、適正な解釈の基準設定は容易ではない。

Ⅱ　私見の提示

　刑法の目的として最も重要なのは、人権侵害防止目的である（第1章参照）。したがって、刑法の解釈は厳格解釈の要請に応えるものでなければならない[1]。法益保護は、解釈の範囲内で刑罰法規が適用されることにより認められるべきものである[2]。刑法の条文が国民に対する国の刑罰権行使の限界を示したものであることからも、解釈は基本的に文言の日常用語的語義にそったものでなければならず、拡張解釈は、条文の文言の中核的意味にそって解したのでは国民の重大な利益が害されるような場合に例外的に許されるに過ぎない[3]。すなわち、拡張解釈が許されるのは、その解釈が文理解釈の範囲内にあり、その解釈によって保護される利益と文言の中核的意味にそってそのままおこなう解釈（以下、「そのまま解釈」という）によって保護される、国民の生命、自由、幸福追

1　Next 総論 4 頁、法学刑法（1）15 〜 18 頁、参照。
2　法益保護主義とは、「刑罰法規を適用してまで保護すべき（個人の）利益が存在しないのに（例えば、道徳上許容しがたいといった理由で）刑罰法規を適用するべきではない」というもの（小林・理論と実務 28 頁にいう「『法益でないものを（刑罰で）保護してはならない』という消極的主張」に相当するもの）であり、「法益を保護するために、法益を害する行為には、刑罰法規を適用してよい」というものではない。
3　設楽裕文＝坂井愛「刑法の解釈と自由の保障」法学紀要 49 巻 127 頁以下（2008 年）の128 〜 129 頁参照。

求といった重大な利益とを比較衡量して、少なくとも同等と認められる場合に限られる。

Ⅲ　私見の具体的展開

大判大正8年12月13日刑録25輯1367頁の事案をとりあげる。その概要は、「妊娠を秘匿してきた妊婦Xが、分娩の際に嬰児の殺害を決意し、産門から一部露出した嬰児の面部を両手で強圧した上、全部露出後も攻撃を加えて殺害した」というものである。同判決は、「胎児カ未タ母体ヨリ全然分離シテ呼吸作用ヲ始ムルニ至ラサルモ既ニ母体ヨリ其一部ヲ露出シタル以上母体ニ関係ナク外部ヨリ之ニ死亡ヲ来スヘキ侵害ヲ加フルヲ得ヘキカ故ニ殺人罪ノ客体トナリ得ヘキ人ナリト云フヲ妨ケス」とした。

私見によれば、同判決の結論は支持できる。本件で問題になっているのは、出産のどの段階に至れば199条の「人」にあたるか、である。「出生」、「出産」といった文言が問題になっているわけではない。「人」の日常用語的語義は、特定の個人、独立した人間であり、母体から独立して人として生きている者が「人」にあたるとする、そのまま解釈は可能である。これをそのまま推進すると独立呼吸説に結びつくことになる。しかし、独立呼吸の段階に至らなくても、その直前の全部露出ないし一部露出の段階に至れば、母体から独立して人として生きていると見られないわけではない（これに対し、一部露出より前の段階、例えば、陣痛開始段階で母体から独立して人として生きていると見るのは困難であろう）。また、生命という重大な法益と厳格解釈による利益とを比較衡量すると、優劣は認められない。したがって、拡張解釈として、一部露出の段階に至った者は「人」にあたるといえる[4]。

最判平成8年2月8日刑集50巻2号221頁の事案をとりあげる。その概要は、「鳥獣保護及狩猟ニ関スル法律1条の4第3項を受けた環境庁告示の3号リは、弓矢を使用する方法による狩猟鳥獣の捕獲を禁止していた。Xは、食用にするため狩猟鳥獣であるマガモ又はカルガモを狙って洋弓銃（クロスボウ）で矢を発射したものの命中せず捕まえることができなかった」というものである。同判決は、Xの行為が「弓矢を使用する方法による捕獲にあたるとした原判断は正

4　法学刑法（4）1～3頁参照。

当である」とした。小野幹雄裁判官の補足意見は、「『捕獲』という用語は、一般に、『とらえること、いけどること、とりおさえること』を意味するものと理解されており、捕らえようとしたが取り逃がした場合、すなわち、その未遂形態は、これに含まれないとするのが一般的な用法であり、『捕獲』には、現実に捕らえられたか否かを問わず、捕らえようとする行為自体（以下『捕獲行為』という。）を、当然に含むと解することは、その文理上困難といわなければならない。しかし、同法における『捕獲』の中には、『捕獲行為』を含むものと解さなければ不合理であって、立法の趣旨、目的に合致しないと認められる条項が存在しており、法廷意見の引用する当審判例が、同法11条及び15条にいう『捕獲』の意義について、捕獲行為自体による法益侵害の危険性に着目して、鳥獣を現実に自己の実力支配下内に入れたか否かを問わず、捕獲しようとする方法自体が禁止されているものと判示したのは、正に、その例ということができる。そして、前記告示3号の規定も同様であって、狩猟鳥獣の保護に悪影響を及ぼすおそれの高い特定の猟法を一般的に禁止しようとするその規制の趣旨、目的に照らせば、同号に列挙する方法による捕獲行為自体を禁止するものと解されるのである」とする。

　私見によれば、同判決の結論は支持できない。「捕獲」に捕獲行為を含めることが「文理上困難」であることは補足意見も認めるところであり、また、同意見にいう「捕獲行為自体による法益侵害の危険性」は、鳥獣保護法1条の4第3項の文言から鳥獣の保護繁殖が害される危険性ということになるところ[5]、そのような「法益」と厳格解釈による利益とを比較衡量すれば後者の優位性が認められ、あえて拡張解釈をする理由もない[6]。

　最決平成24年7月9日裁判集刑事308号53頁の事案をとりあげる[7]。その概要は、「児童ポルノ法は、『児童ポルノを不特定若しくは多数の者に提供し、又は公然と陳列した者』を処罰するものとしていた[8]。Xは、Yと共謀の上、

5　鳥獣保護法1条の4第3項は、「環境庁長官又ハ都道府県知事ハ狩猟鳥獣ノ保護蕃殖ノ為必要ト認ムルトキハ狩猟鳥獣ノ種類、区域、期間又ハ猟法ヲ定メ其ノ捕獲ヲ禁止又ハ制限スルコトヲ得」と規定していた。

6　現実捕獲説と捕獲行為説の内容については、法学刑法（3）23〜25頁参照。

7　現代1頁以下〔早乙女宜宏〕参照。

8　事件当時は7条4項、現在は7条6項に処罰規定がある。

第2章　刑法の目的と解釈のあり方　**9**

自己がインターネット上に開設したウェブページの『お試し会員』に登録した者に『粗品』として下記サイトの画像を紹介する旨の記載の下に、児童ポルノ画像を掲載しているＺが開設したウェブページの URL を、アルファベットをカタカナにする等の改変をして、掲載した（改変した URL を元に戻す方法も注意書として掲載した）」というものである。原判決（大阪高判平成 21 年 10 月 23 日判例時報2166 号 142 頁）は、Ｘはウェブページの所在場所を紹介したに過ぎないので児童ポルノを「陳列した」とはいえないのではないか、という問題について、「確かに、『陳列』ないし『置く』という言葉には、創設的な行為という意味合いが含まれていると考えられるから、児童ポルノの公然陳列についても、その物の児童ポルノとしての内容を不特定又は多数の者が認識できる状態に初めて設定することを意味するというのが素直な解釈であると考えられる」としつつ、「陳列」、「置く」という言葉に他人がいったん陳列したものをさらに陳列することがおよそ不可能というまでの絶対的な意義があるとは解されず、情報通信手段が発展し児童ポルノを不特定又は多数の者に認識させることが容易になっている状況に即して「公然陳列」の意義を合目的的に解釈することは相当な法解釈であり、「他人がウェブページに掲載した児童ポルノの URL を明らかにする情報を他のウェブページに掲載する行為が、新たな法益侵害の危険性という点と、行為態様の類似性という点からみて、自らウェブページに児童ポルノを掲載したのと同視することができる場合には、そのような行為は、児童ポルノ公然陳列としての実質的な当罰性を備えており、また、それを罰することによって国民の権利を不当に侵害することもないと考えられるのであるから、そのような行為を児童ポルノ公然陳列として処罰することは十分な合理性が認められる」とした上、「当該ウェブページの閲覧者がその情報を用いれば特段複雑困難な操作を終ることなく、当該児童ポルノを閲覧することができ、かつ、その行為又はそれに付随する行為が全体としてのその閲覧者に対して当該児童ポルノの閲覧を積極的に誘引するものである場合には、当該児童ポルノが特定のウェブページに掲載されていることさえ知らなかった不特定多数の者に対しても、その存在を知らしめるとともに、その閲覧を容易にするものであって、新たな法益侵害の危険性という点においても、行為態様の類似性という点においても、自らウェブページに児童ポルノを掲載したのと同視することができる

のであるから、児童ポルノ公然陳列に該当する」とした。同決定は、上告を棄却した。ただし、大橋正春裁判官が「『公然と陳列した』とされるためには、既に第三者によって公然陳列されている児童ポルノの所在場所の情報を単に情報として示すだけでは不十分であり、当該児童ポルノ自体を不特定又は多数の者が認識できるようにする行為が必要で、この理は、所在場所についての情報が雑誌等又は塀に掲示されたポスター等で掲示される場合に限らず、インターネット上のウェブページにおいてなされる場合にも等しく妥当する。ウェブページ上で児童ポルノが掲載されたウェブサイトのURL情報が示された場合には、利用者が当該ウェブページの閲覧のために立ち上げたブラウザソフトのアドレスバーにURL情報を入力して当該児童ポルノを閲覧することが可能となり、そのために特段複雑困難な操作を経る必要がないといえるが、このことは、パソコンで立ち上げたブラウザソフトに雑誌等で示されたURL情報を入力して閲覧する場合においても同様であり、両者の間に特段の違いがあるものではない」といった反対意見を付し[9]、寺田逸郎裁判官がこれに同調している。

　私見は反対意見を支持する。原判決も述べているように、「陳列」の中核的な意味は新たに置くことであり、既に置かれている所を示すことではない。原判決のように、「新たな法益侵害の危険性」や「行為態様の類似性」から刑罰法規を適用するというのは類推禁止に反する。なお、児童ポルノ公然陳列罪の法益には必ずしもわいせつ物頒布等罪（刑法175条）の法益と同様にとらえられないものがあるとはいえ、同法益が厳格解釈によって得られる利益に優位するとはいえない。したがって、拡張解釈を検討する余地もない。

9　反対意見は、「なお、被告人の行為は社会的には厳しく非難されるべきものであり、また、新たな法益侵害の危険性を生じさせるものであるという原判決の指摘も理解できないではない。しかし、そのことを強調し、URL情報を単に情報として示した行為も、『公然と陳列した』に含まれると解することは、刑罰法規の解釈として罪刑法定主義の原則をあまりにも踏み外すもので、許されるものではなく看過できない」とも述べている。

第2章　刑法の目的と解釈のあり方　*11*

第3章　明確性の原則

I　課題の設定

　ここでの課題は、「刑罰法規が不明確であるゆえに憲法31条に違反し無効である、と判断するための基準はどのようなものであるべきか」というものである。徳島市公安条例事件上告審判決（最大判昭和50年9月10日刑集29巻8号489頁）は、「通常の判断能力を有する一般人の理解において、具体的場合に当該行為がその適用を受けるものかどうかの判断を可能ならしめるような基準が読み取れるかどうか」（以下、「一般人基準」という）によって不明確ゆえに憲法31条違反と認められるかを判断するとしつつ、当該事案における刑罰法規は違憲ではないと判断した[1]。その後も、刑罰法規が不明確であるゆえに憲法31条に違反する旨の主張がなされた事件はあるものの、最高裁の法廷意見ないし多数意見が当該刑罰法規を違憲無効であるとした例は見られない。

　一般人基準に対しては、「具体的場合に当該行為が適用を受けるか判断が可能ならよい、というのなら、当該事件の当該行為者（被告人）に適用を受けるか否か判断可能ならよいのか」という疑問を提示しうる。これを肯定するなら、当該法規の文言が不明確であっても、①当該行為が明らかに当該法規の適用を受ける"中核的な"あるいは"典型的な"ものであったとき、②当該行為者が取締機関から注意・警告を受けるなどして当該行為が法規の適用を受けうると判断可能であったとき、③規則、通達、告示、ガイドラインといった下位の法規範と相まって当該法規の明確性が確保されているとき、④一般人の立場で解釈して明確な解釈論上の結論を出せるときは、違憲無効とはならない、ということになる。しかし、それでは不明確な刑罰法規が放置されることになって処罰されない行為の限界を国民に示すことができなくなる。また、萎縮効果も生じる。そこで、このような問題のない基準設定が必要になる。

1　Next総論26頁〔南部篤〕、法学刑法（1）23頁、設楽裕文「明確性の原則と憲法31条」日本法学82巻3号191頁以下（2016年）、参照。

Ⅱ　私見の提示

　刑罰法規の明確性が要求される根拠は、国民に対して禁止される行為 α（それをおこなった場合に刑罰権の行使を許容する行為）とそうでない行為 β を予め示し、行為 α がおこなわれていないにもかかわらず国・地方公共団体の機関により規制がなされないよう制約する、というものであるから、不明確ゆえに無効であると判断するための基準は、「国民一般に対して刑罰の対象となる行為を予め告知するものといえるか」というものになり、「不明確か否かは基本的に当該法規の文言について判断する」ということになる。一般人基準は、前述のような問題があることから、採用できない。前述①ないし④の点に対し私見からは以下のように答えることができる。前述①に対する答え：当該行為が中核的ないし典型的なものであっても不明確性は治癒されない。例えば、「悪い行為をした者は、死刑又は 3 年以上の懲役に処する」という刑罰法規は不明確であり、当該事件の被告人が子供 50 人を惨殺した連続殺人の犯人で自分のしたことが死刑に処されてもしかたのない「悪い行為」であることが十分に分かっていたとしても、不明確性が治癒されるわけではない。前述②に対する答え：当該行為者がいかに注意・警告を受けていても、法規の文言自体が不明確なままである以上、不明確性は治癒されない。前述③に対する答え：明確性を補える下位の法規範として承認されるのは公示性・公開性の高いもの、具体的には規則が限界であり、しかも、上位の法規範（法律、条例）によって具体的内容が定められており、細部について規則に委任したものであることを要する。前述④に対する答え：解釈による明確化は、そのような解釈が「解釈」として可能な範囲にあり、かつ、解釈の結論が法令の文言の語義から離れない明確なものである限りで許される。

Ⅲ　私見の具体的展開

　前述の徳島市公安条例事件上告審判決（最大判昭和 50 年 9 月 10 日刑集 29 巻 8 号 489 頁）の事案をとりあげる。その概要は、「徳島市公安条例は、集団行進・集団示威運動をおこなおうとする者の遵守事項として、3 条 3 号に『交通秩序を維持すること』と規定し、同条の規定等に違反しておこなわれた集団行進・集団示威運動の主催者・指導者・せん動者を 1 年以下の懲役・禁錮又は 5 万円以下の罰金に処する（5 条）と規定していた。Ｘは、集団示威行進の際に、だ行

進をさせるように刺激を与えて集団行進者が交通秩序の維持に反する行為をするようにせん動をしたとして、5条の罪に問われた」というものである。同判決の法廷意見は、一般人基準を提示した後、本条例3条3号は、「殊更な交通秩序の阻害をもたらすような行為」を避けるよう命じているものと解し、通常の判断能力を有する一般人が具体的場合に自己のしようとする行為が禁止されているか判断するにあたって「殊更な交通秩序の阻害をもたらすようなものであるかを考えることにより、通常その判断にさほどの困難を感じることはないはず」であるから、本条例の規定は憲法31条に違反しないとした（高辻正己裁判官の意見は、明確性の点につき問題があるとしつつ、結論としては法廷意見に同調している）。

　私見によれば、「交通秩序を維持すること」をこのように限定解釈することは可能であるとしても、解釈の結果はなお明確とはいい難い。したがって、本条例の刑罰法規は無効である。

　福岡県青少年保護育成条例事件上告審判決（最大判昭和60年10月23日刑集39巻6号413頁）の事案をとりあげる。その概要は、「福岡県青少年保護育成条例10条1項は、『何人も、青少年に対し、淫行又はわいせつの行為をしてはならない』と規定し、同条例16条1項は、違反者を2年以下の懲役又は10万円以下の罰金に処すると規定していた。X（本件当時26歳、男性）は、福岡県内のホテルの客室内で、A（本件当時16歳、女性）が18歳に満たない青少年であることを知りながら、Aと性交をし、同条例10条1項違反の罪に問われた」というものである。同判決の多数意見は、「本件各規定の趣旨及びその文理等に徴すると、本条例10条1項の規定にいう『淫行』とは、広く青少年に対する性行為一般をいうものと解すべきではなく、青少年を誘惑し、威迫し、欺罔し又は困惑させる等その心身の未成熟に乗じた不当な手段により行う性交又は性交類似行為のほか、青少年を単に自己の性的欲望を満足させるための対象として扱っているとしか認められないような性交又は性交類似行為をいうものと解するのが相当であり、このような解釈は通常の判断能力を有する一般人の理解にも適うものであ〔る〕」とした。これに対し、伊藤正己裁判官、谷口正孝裁判官、島谷六郎裁判官の、多数意見の解釈は通常の判断能力を有する一般人の理解が及ばないものである旨述べる点で共通する各反対意見がある。

第3章　明確性の原則　**15**

私見によれば、各反対意見も述べているように、多数意見のような限定解釈をすることには無理があり、また、解釈の結果も明確とはいい難い。本条例の刑罰法規は無効である。なお、仮に一般人基準に従って判断したとしても、「淫行」の意味を具体化した下位の法規範は存在せず、Xにおいて取締機関から注意・警告を受けるなどしたことから自己の行為が刑罰法規の適用を受けうると判断可能であったとはいい難いこと等を考慮すると、本条例を無効とする余地があると思う[2]。

　岐阜県青少年保護育成条例事件上告審判決（最判平成元年9月19日刑集43巻8号785頁）の事案をとりあげる。その概要は、「岐阜県青少年保護育成条例6条1項は、知事は、図書、がん具その他の物の内容等が『著しく性的感情を刺激し、又は著しく残忍性を助長するため』青少年の健全な育成を阻害するおそれがあると認めるときは、当該図書等を有害図書等として指定するものとし、同条2項は、知事は、指定すべき図書のうち、『特に卑わいな姿態若しくは性行為を被写体とした写真又はこれらの写真を掲載する紙面が編集紙面の過半を占めると認められる刊行物』については、同条1項の指定に代えて、当該写真の内容を、予め、規則で定めるところにより、指定することができるとし、同条例6条の6第1項本文は、『自動販売機業者は、有害指定図書等を自動販売機に収納してはならない』と規定し、違反者を3万円以下の罰金又は科料に処する（21条5号）としていた。Xらは、同条例6条2項の有害図書指定を受けた雑誌を自動販売機に収納したとして、6条の6第1項違反の罪に問われた」というものである。同判決は、「本条例の有害図書の定義が不明確であるということはできない」などと述べて上告を棄却した。伊藤正己裁判官の補足意見は、同条例6条1項の「著しく性的感情を刺激し、又は著しく残忍性を助長する」は、岐阜県青少年対策本部次長通達により審査基準がかなり具体的に定められているので、不明確とはいえず、本件で問題とされる6条2項では、指定有害図書を「特に卑わいな姿態若しくは性行為を被写体とした写真又はこれらの写真を掲載する紙面が編集紙面の過半を占めると認められる刊行物」と定義していて、1項の場合に比して具体化がされているとともに、写真の内容について

2　設楽・前掲注1の204頁参照。

は岐阜県青少年保護育成条例施行規則2条、告示（昭和54年7月1日岐阜県告示第539号）を通じ、いっそう明確にされていることが認められ、結局、「本件条例は、その下位の諸規範とあいまって、具体的な基準を定め、表現の自由にみあうだけの明確性をそなえ、それによって、本件条例に一つの限定解釈ともいえるものが示されているのであって、〔…〕基準の不明確性を理由に法令としてのそれが違憲であると判断することはできないと思われる」としている（刑集43巻8号799頁）。

　私見によれば、明確化に寄与しうる下位の法規範は施行規則までとなり、通達、告示は除外される。6条2項の指定有害図書の定義については、施行規則（その2条は、写真の内容につき、「全裸、半裸又はこれに近い状態での卑わいな姿態」又は「性交又はこれに類する性行為」で別に定めるものと規定している）と相まって、何とか明確性を確保できていると思えないでもない。その点で、本条例の刑罰規則は有効である、といえる[3]。

　広島市暴走族追放条例事件上告審判決（最判平成19年9月18日刑集61巻6号601頁）の事案をとりあげる。その概要は、「広島市暴走族追放条例2条7号は、同条例が想定する暴走族を『暴走行為をすることを目的として結成された集団又は公共の場所において、公衆に不安若しくは恐怖を覚えさせるような特異な服装若しくは集団名を表示した服装で、い集、集会若しくは示威行為を行う集団をいう』と定義し、16条は、『何人も、次に掲げる行為をしてはならない』とした上、1号で、『公共の場所において、当該場所の所有者又は管理者の承諾又は許可を得ないで、公衆に不安又は恐怖を覚えさせるような、い集又は集会を行うこと』が禁止行為であると規定し、17条は、市長による中止・退去命令について規定し、同命令の違反者は6月以下の懲役又は10万円以下の罰金に処する（19条）としていた。Xは、暴走族構成員約40名と共謀の上、広島市の管理する公共の場所である広場で、特攻服を着用し、円陣を組み旗を立てる等威勢を示して、公衆に不安又は恐怖を覚えさせるような集会をおこない、

3　この判決の後に出た、食品衛生法違反事件上告審決定（最決平成10年7月10日刑集52巻5号297頁）は、食品衛生法4条の「有害な物質」は不明確とはいえない旨判断している。しかし、私見からは疑問である。この事件の被告人は、当時の厚生省課長回答等に基づく警告を保健所から受けていたようであるけれど、いかに警告がなされても法規の不明確性が治癒されることはない。したがって、同決定は不当である。

広島市長の権限を代行する広島市職員から集会を中止して広場から退去するよう命令を受けながら、これに従わず、引き続き同所において集会を継続したことから、19条の命令違反の罪に問われた」というものである。同判決の多数意見は、同条例16条1項1号、17条、19条の適用範囲が広範に過ぎるとの所論に対し、同条例の全体から読み取ることができる趣旨、同条例施行規則の規定（中止命令等を発する際の判断基準を示したもの）等を総合すれば、同条例が規制の対象としている「暴走族」は、2条7号の定義にもかかわらず、暴走行為を目的として結成された集団である本来的な意味の暴走族のほかには、「服装、旗、言動などにおいてこのような暴走族に類似し社会通念上これと同視することができる集団」に限られるものと解され、中止・退去命令を発しうる対象も、集会との関係では、本来的意味における暴走族及び前記のようなその類似集団による集会が16条1項1号、17条所定の場所及び態様でおこなわれている場合に限定されると解されるのであって、「このように限定的に解釈すれば、本条例16条1項1号、17条、19条の規定による規制は、広島市内の公共の場所における暴走族による集会等が公衆の平穏を害してきたこと、規制に係る集会であっても、これを行うことを直ちに犯罪として処罰するのではなく、市長による中止命令等の対象とするにとどめ、この命令に違反した場合に初めて処罰するものとするという事後的かつ段階的規制によっていること等にかんがみると、その弊害を防止しようとする規制目的の正当性、弊害防止手段としての合理性、この規制により得られる利益と失われる利益との均衡の観点に照らし、いまだ憲法21条1項、31条に違反するとまではいえない」とし、さらに、「なお、所論は、本条例16条1項1号、17条、19条の各規定が明確性を欠き、憲法21条1項、31条に違反する旨主張するが、各規定の文言は不明確であるとはいえないから、所論は前提を欠く」とする（堀籠幸男裁判官、那須弘平裁判官の各補足意見、藤田宙靖裁判官、田原睦夫裁判官の各反対意見がある）。

　私見によれば、本条例2条7号の「集団」を、本来的意味の暴走族のほか、「服装、旗、言動などにおいてこのような〔本来的意味の〕暴走族に類似し社会通念上これと同視することができる集団」を意味すると解釈することは困難である。したがって、このような解釈を前提として本条例の刑罰法規が有効であるということには無理がある。ただ、2条7号の規定自体が直ちに不明確とも

いい難いので、憲法31条違反であると直ちに断ずることもできかねる。

世田谷区清掃・リサイクル条例事件上告審決定（最決平成20年7月17日裁判集刑事294号869頁）[4]の事案をとりあげる。その概要は、「世田谷区清掃・リサイクル条例は、『第35条第1項に規定する一般廃棄物処理計画で定める所定の場所に置かれた廃棄物のうち、古紙、ガラスびん、缶等再利用の対象となる物として区長が指定するものについては、区長及び区長が指定する者以外の者は、これらを収集し、又は運搬してはならない』（31条の2第1項）、『区長は、区長が指定する者以外の者が前項の規定に違反して、収集し、又は運搬したときは、その者に対し、これらの行為を行わないよう命ずることができる』（31条の2第2項）、命令に違反した場合は20万円以下の罰金に処する（79条1項）と規定していた。同条例35条1項等の規定に基づき告示された『平成16年度一般廃棄物処理計画』には、家庭廃棄物につき『可燃ごみ、不燃ごみ及び資源に分別し、別表第一に定める収集曜日及び時間に、保管している場所から定められた場所に排出する』こととし、『定められた場所』については『原則としてそれを利用しようとする区民等が協議のうえ位置を定め、その場所を区に申し出て、区が収集可能であると確認した場所とする』と規定されていた。Xは、『区長が指定する者以外の者』であるにもかかわらず、5月20日に『定められた場所』に置かれた古紙を回収したため、同条例に基づき区長名義の禁止命令書の交付を受け、12月4日にも別の『定められた場所』に置かれた古紙を収集し、79条1項の禁止命令違反罪に問われた」というものである。第一審判決（東京簡判平成19年5月7日公刊物未登載）は、同条例31条の2第1項の「所定の場所」を特定する記載が処理計画にない上、「所定の場所」と「定められた場所」とは異なり、仮に「定められた場所」が「所定の場所」であると解されるにしても「定められた場所」についての記載は具体的な特定の場所を示すものではなく、看板・コンテナの存在等によっても犯罪構成要件の特定は十分ではないことなどを根拠にする無罪判決であった。同判決を、控訴審判決（東京高判平成19年12月18日判例時報1995号56頁）は、「『所定の場所』とは処理計画にいう『定められた場所』のことであって、それが処理計画にいう『区民においてごみを

4　この決定について、現代17頁以下〔山本善貴〕参照。

第3章　明確性の原則　**19**

排出すべき場所と合意し、区においてその旨確認する』手続により確定された、区民等がごみ、資源等を分別して排出すべき場所のことを指すことは明らかである。このような解釈は通常の判断能力を有する一般人の理解にも適うものであり、しかも、本件条例による規制は所定の場所における古紙等の収集行為を直ちに犯罪として処罰するのではなく、区長による禁止命令の対象とするにとどめ、この命令を受けた者が命令に違反して初めて処罰の対象としていること等を併せ考えると、同規定につき処罰の範囲があいまいであるとも不明確であるともいえないから、同規定が憲法31条の規定に違反するとはいえない」などと述べて、破棄した。上告審決定は、「上告趣意のうち世田谷区清掃・リサイクル条例31条の2第1項にいう『一般廃棄物処理計画で定める所定の場所』の明確性に関し憲法31条違反をいう点は、同条例31条の2第1項、37条、一般廃棄物処理計画等によれば、世田谷区が、一般廃棄物の収集について区民等の協力を得るために、区民等が一般廃棄物を分別して排出する場所として定めた一般廃棄物の集積所を意味することは明らかであり、『所定の場所』の文言を用いた本件罰則規定が、刑罰法規の構成要件として不明確であるとはいえない。また、本件における違反場所は、『資源・ごみ集積所』と記載した看板等により、上記集積所であることが周知されている」と述べて上告を棄却した。

　私見によれば、本条例31条の2第1項の「所定の場所」が具体的にどのような場所なのかは、同条例の規定はもとより、一般廃棄物処理計画を見ても不明である。法令の文言上不明確である以上、禁止命令を出し、これに違反した場合に処罰する段階的規制をしていたとか、所定の場所に看板等があるとかいったことで、不明確性を補うことはできない（条例に「後記の様式の看板によって指定されている場所」とでも規定されていれば少しは明確になったかも知れない）。本条例の刑罰規定は無効である。さらに、本件の事実関係、実態に照らしてみても、Xを禁止命令違反罪で処罰することが妥当であるとはいい難い。同種事件につき無罪と判断した東京簡判平成19年3月26日（LEX/DB28145132）の認定するところでは、同判決当時（本件の3年後）、世田谷区内には約4万8000の集積所が存在し、毎日10か所くらい変更しなければならないという状況であった上、「資源・ごみ集積所」といった看板のような掲示物のない集積所も相当数存在したとのことであり、違反場所が明確であるとは必ずしもいえない状況であっ

た[5]。また、区長が指定する者以外の者が古紙等を収集する行為にいかなる意味で可罰性が認められるのかも不明である。

北海道迷惑防止条例事件上告審決定（最決平成20年11月10日刑集62巻10号2853頁）の事案をとりあげる。その概要は、「北海道迷惑防止条例2条の2第1項柱書は、『何人も公共の場所又は公共の乗物にいる者に対し、正当な理由がないのに、著しくしゅう恥させ、又は不安を覚えさせるような次に掲げる行為をしてはならない』としており、同項4号には『前3号に掲げるもののほか、卑わいな言動をすること』が禁止行為として掲げられ、10条1項は違反者を6月以下の懲役又は50万円以下の罰金に処する、としていた。Xは、正当な理由がないのに、ショッピングセンターにおいて、細身のズボンを着用した女性客（当時27歳）の背後からデジタルカメラ機能付携帯電話で、臀部を約11回撮影し、2条の2第1項違反の罪に問われた」というものである。第一審判決（旭川簡判平成19年3月9日刑集62巻10号2890頁）は、Xの行為は2条の2第1項2号、4号に該当しないとして、被告人を無罪とした。第二審判決（札幌高判平成19年9月25日刑集62巻10号2900頁）は、被告人の行為は同項の4号にあたるとした上、同号の内容が不明確であり憲法31条、39条に違反するとの主張に対しては、同号の構成要件は1項柱書の文言と相まって明確であるとした。上告審決定の多数意見は、同条例2条の2第1項4号の「卑わいな言動」とは、「社会通念上、性的道義観念に反する下品でみだらな言語又は動作をいう」と解され、1項柱書の「公共の場所又は公共の乗物にいる者に対し、正当な理由がないのに、著しくしゅう恥させ、又は不安を覚えさせるような」と相まって、「日常用語としてこれを合理的に解釈することが可能であり、所論のように不明確であるということはできない」とした（田原睦夫裁判官の反対意見がある）。

私見によっても、本条例2条の2第1項の規定は何とか不明確の誹りを免れており、本刑罰規定は無効とはいい難い。ただ、Xのおこなったような行為が「著しくしゅう恥させ」る「卑わいな言動」にあたるかは微妙である（田原裁判官の反対意見はこの点に関するものである）。

5　設楽・前掲注1の208〜209頁参照。

第3章　明確性の原則　**21**

第4章　実行行為の類型性と危険性

I　課題の設定

ここでの課題は、「実行行為に該当する行為はどのような行為か」というものである[1]。さらに、「実行行為に該当するためには当該行為に一定程度の危険性が認められることが必要である」とすると、「危険性判断の基礎事情はどの範囲のものにすべきか」（問1）、「危険性の判断の際に主観的要素は考慮すべきか」（問2）という問いが立てられる。問2は、「主観的構成要件要素としての構成要件的故意・過失を肯定するか」（問3）にもつながる。問1については、具体的危険説と客観的危険説[2]との対立がある。問2については、否定的な見解が近時有力である[3]。また、基本的には否定しつつ、目的犯の目的や未遂犯の行為意思については肯定する見解もある[4]。問3については、肯定するのが多数説である。これに対し、故意・過失は責任要素であり、未遂犯における故意は行為意思であるとする見解もある[5]。

II　私見の提示

実行行為は罰条を基にして導出された可罰的な行為の類型である構成要件に該当する行為であるから、当該罰条に規定された行為に該当するものでなければならない。該当するか否かは、第一に、規定された行為の類型にあてはまるか（類型性評価）、第二に、規定された行為に予定される（結果を実現する可能性としての）一定程度の危険性を有するか（危険性評価）、によって判断される。第一の判断の際には、行為の意味が重要性をもち、意味を確定する際に主観的要素も考慮される[6]。なお、この主観的要素は38条1項の「罪を犯す意思」とは別のものであり、その意味では「故意」ではない。本来の故意・過失は責任要素

1　Next 総論 49 ～ 52 頁参照。そこで述べたように、従来の「定型説」は、類型性評価と危険性評価を区別していず、そのため問1・2のような問題を生じさせた、といってよい。

2　前田・総論 119 頁参照。

3　前田・総論 85 頁参照。

4　西田・総論 93 ～ 94 頁、山口・総論 97 ～ 99 頁、参照。

5　西田・総論 226 頁、275 頁、参照。

である[7]。また、第二の判断は客観的全事情を基礎にしてなすべきである。危険性評価は、裁判官・裁判員が客観的になすものであって、基礎事情を一般人が認識・予見しえた事情等に限定する理由はない[8]。ただ、あくまで行為時の行為により結果が実現される可能性の（規範的な）判断であるから、パーセンテージで表わされるものにならざるをえない。結局、問1には「客観的全事情である」、問2には「考慮すべきではない」[9]、問3には「否定する」と答えることになる。

Ⅲ　私見の具体的展開

殺人罪について考えると、199条の「人を殺」す行為にあたるか否かは、その行為が、第一に、「人を（わざと）殺」す行為の類型にあてはまるか、第二に、人の生命を断絶する高度の危険性を有するか、により判断される。

「Xは、Aを銃殺しようと思って猟銃で狙撃した。狙いが外れて弾丸は付近の樹木に当たった」という場合（事例1）、狙撃行為は、行為意思を考慮して評価すると「人を（わざと）殺」す行為の類型にあてはまり、人であるAに弾丸があたる高い可能性が認められ、人の生命を断絶する高度の危険性を有する行為である、といえるから、殺人罪の実行行為に該当する。

「Xは、Aを威嚇しようと思ってAの近くの樹木を猟銃で狙撃した。狙いが外れて弾丸はAに当たり、Aは死亡した」という場合（事例2）、狙撃行為は、

6　例えば、XがAを殴り倒して負傷させた場合、Xの行為が傷害罪の実行行為なのか、強盗罪の実行行為なのかは、どのような意図で殴ったのかという主観面を考慮し、「傷を負わせるために暴行を加える行為」を意味するか、「財物を奪うために暴行を加える行為」を意味するかを考えて、それぞれの行為の類型にあてはまるかが判断されることになる。なお、行為の意味を把握するためには行為意思が重要であることにつき、仲道・再定位70～93頁参照。

7　ただし、本書でも、便宜上、「構成要件的故意」という表現を用いることがある。なお、過失犯の実行行為に該当するか否かも、第一に、主観的要素（構成要件的過失）を考慮して規定された行為の類型にあてはまるか、第二に、規定された行為に予定される一定程度の危険性を有するか、によって判断される。故意と過失の相違については第13章で述べる。

8　佐伯・楽しみ方353頁は、実務的にも、必要に応じて科学的鑑定をおこなって危険の存否を判断できる客観的危険説が優れていることは明らかである、とする。

9　例えば、148条1項の「行使の目的」は、これが認められることによって、「真貨として使うつもりで真貨によく似た物を作る行為」の類型にあてはまるのであって、行使の目的があるので法益を害する可能性が高まるわけではない。行使の目的がなければ、いかに真貨の外観を有するものを作って法益を害する可能性を高めても、通貨偽造罪の実行行為をおこなったとはいえない。

行為意思を考慮して評価すると、「人を（わざと）殺」す行為の類型にあてはまらないから、危険性評価をするまでもなく、殺人罪の実行行為に該当しない（暴行罪の実行行為には該当するので傷害致死罪が成立する）。

　「Xは、樹木の陰にいるAを鹿と誤認して、よく確認することなく猟銃で狙撃した。Aは弾丸に当たって死亡した」という場合（事例3）、事例2と同様に、狙撃行為は、「人を（わざと）殺」す行為の類型にあてはまらないので殺人罪の実行行為には該当しない。「業務上必要な注意を怠り、よって人を死亡させ」る行為の類型にはあてはまり、業務上過失致死罪の予定している程度の人の生命を断絶する危険性を有する行為である、とはいえるので、同罪の実行行為には該当する。

　「Xは、Aを射殺しようと思って猟銃を向けて引金を引いたものの、猟銃に弾丸が装塡されていなかったので殺害することができなかった」という場合（事例4）、猟銃を向けて引金を引く行為は「人を（わざと）殺」す行為の類型にはあてはまる。問題は、人であるAの生命を断絶する高度の危険性が認められるか、である。危険性は、行為当時、当該猟銃に弾丸が装塡されている可能性が、高ければ認められ、低ければ認められない[10]。Xが自分の猟銃に弾丸を装塡するのを忘れたとか、装塡したのだけれど誰かに抜かれていたとか、獲物を狙っている猟師の猟銃を奪取して使用したとかいうときなら、危険性は認められる。したがって、福岡高判昭和28年11月10日高刑判特26号58頁の「Xは、巡査Aに逮捕されそうになったことから、Aを殺害して逃走しようと決意し、Aが右腰に着装していたけん銃を奪取し、Aの右脇腹に当てて引金を引いた。しかし、実弾が装塡されていなかったため、殺害の目的を遂げなかった」という事案では、殺人未遂罪の成立が肯定される。これに対して、Xが銃砲店のショーケースに飾られている猟銃を奪取して使用したときは、（通常、このような猟銃に弾丸が装塡されている可能性は低いので）危険性は認められず、Xの行為は殺人罪の実行行為に該当しない、ということになる。

10　引金を引いた時点より遡った時点で（科学的予測をおこなって）弾丸が装塡されることがありえれば不能犯とはならないとする見解もある（小林・理論と実務471頁参照）。しかし、遡った時点で弾丸が装塡されなかった理由を探求する必要はあるものの、問題となるのは引金を引いた時点で弾丸が発射される可能性であるから、引金を引いた時点での予測ということでよいように思う。

第4章　実行行為の類型性と危険性　**25**

「Ｘは、Ａを射殺しようと思って、深夜、Ａのベッドの中にいる者を猟銃で狙撃した。中にいたのは犬であった」という場合（事例5）、狙撃行為は、「人を（わざと）殺」す行為の類型にあてはまり、深夜Ａのベッドの中にＡがいる可能性は高く、人であるＡの生命を断絶する高度の危険性が認められるので、殺人罪の実行行為に該当する。「Ａのベッドの中に犬がいたのは、Ｘの攻撃を予想したＡが自分のかわりに犬をベッドに入れておいたためであった。Ａ自身は安全な場所に退避していた」という場合（事例6）でも、狙撃行為時にＡがベッドの中にいる可能性が高ければ、危険性は認められる。これに対して、「Ｘは、Ａを射殺しようと思って、深夜、犬小屋の中にいる者をＡと誤認して、猟銃で狙撃し、犬を死亡させた。Ａは犬小屋から離れた所にある部屋で寝ていた」という場合（事例7）は、「Ａは犬小屋で寝るのが常であった」とか「犬小屋の中からＡの声が聞こえてきた」とかいった、Ａが犬小屋の中にいる可能性を高める事情がない限り、狙撃行為には危険性が認められない、ということになる。

　「Ｘは、Ａを射殺しようと思い、深夜、Ａのベッドの中にいる者を猟銃で狙撃した。Ａは狙撃前にベッドの中で病死していた」という場合（事例8）、狙撃行為は、「人を（わざと）殺」す行為の類型にあてはまる。問題は、Ａは既に死亡しているのに、狙撃行為に高度の危険性が認められるか、である。狙撃当時、Ａが明らかに死亡している状態になっていたのなら、Ａが死亡している可能性は高く、危険性は認められない。そのような状態になっていずＡが死亡している可能性が低いときには危険性は認められる。広島高判昭和36年7月10日高刑集14巻5号310頁の「Ｘは、ＹがＡを銃撃するのを目撃し、Ｙに加勢して止めを刺そうと考え、Ａの倒れている場所に急行し、同所でＡの左右胸部、前胸部等を日本刀で突き刺した」という事案では、Ｘの刺突行為は殺人罪の実行行為に該当する、ということになる。ただし、刺突行為の時点で死亡結果が発生していた可能性がある以上、同行為と同結果との間の因果関係は認められ

11　本判決は殺人未遂罪の成立を肯定しており、この結論は学説による支持を集めている。もっとも、客体が存在しないのだから危険の現実性が欠けるのではないか、とか、被害者が存在しない場合は危険判断の前提を欠くと考えられるところ、Ａが死亡したら被害者が存在しなくなるのではないか、といった疑問が完全に解明されたわけではない（百選Ｉ137頁〔和田俊憲〕参照）。

ず、殺人未遂罪が成立するに止まる[11]。

　「X は、傷害の意思で A に暴行を加えて負傷させ（第 1 行為）、その後、A を海中に転落させて殺害しようと考え、A を海中に転落させた（第 2 行為）。A は、第 1 行為により生じた傷害のために第 2 行為の前に死亡していた可能性がある」という場合（事例 9)[12]、第 1 行為は、人を（わざと）殺す行為（199 条）の類型にはあてはまらず、人の身体を傷害する行為（204 条）の類型にあてはまるので、傷害罪の実行行為に該当することになる。疑わしきは被告人の利益にの原則に従い第 1 行為により死亡結果が発生したとすると、第 1 行為とその結果は傷害致死罪の構成要件に該当することになる[13]。第 2 行為は、事例 8 と同様に殺人罪の実行行為に該当し、死亡結果との因果関係は認められないから、殺人未遂罪の構成要件に該当する。もっとも、第 1 行為の後、X が暴行の目的を達成したと考えて現場を離れ、その後、一定時間が経過してから A を海中に転落させて殺害しようと考えて戻り、A が第 1 行為により死亡している可能性が高い状況で第 2 行為に及んだ場合は、同行為に A の生命を断絶する高度の危険性が認められるとはいえず、殺人未遂罪の構成要件該当性が否定される、ということになりうる。

12　事例 9 では、最決平成 16 年 3 月 22 日刑集 58 巻 3 号 187 頁のクロロホルム事件（第 5 章参照）と異なり、第 1 行為と第 2 行為とを一連の殺人罪の実行行為とすることはできない。もっとも、一連の実行行為とすることができるとしても、第 1 行為によって A が死亡していても第 2 行為は実行行為になるか、という問題は生じる。

13　複数の者が暴行を加えた場合を予定している 207 条を用いることはできない。

第 4 章　実行行為の類型性と危険性　　*27*

第5章　早過ぎた構成要件実現

Ⅰ　課題の設定

ここでの課題は、「第1行為の後におこなう第2行為で結果を発生させよう
と思って第1行為をおこなったところ、第1行為によって結果が発生してしま
った場合、行為者は既遂の罪責を負うか」というものである[1]。43条が「犯罪
の実行に着手してこれを遂げなかった」ことを未遂犯の要件としているので、
既遂の罪責を負うには、「犯罪の実行に着手してこれを遂げた」ことが必要で
あり、「遂げた」とは、実行行為と結果との間に因果関係が肯定されることを
意味する、といえる。とすると、因果関係に問題がなければ、課題に答えるた
めに、「第1行為をおこなったことにより当該犯罪が『実行に着手』した段階
に至っているといえるか」という問い（問1）が立てられる。より抽象化する
なら、「『実行に着手』した、とはどういう意味か」という問い（問2）及び「第
1行為により結果が発生することを予見していなかった場合でも、実行の着手
の主観的要件（行為意思ないし構成要件的故意）を充たすか」という問い（問3）に
なる。さらに、因果関係の錯誤により故意が阻却されるか、という問題もある[2]。

Ⅱ　私見の提示

問2を検討する。条文の文言に従ってそのまま解釈すると、43条の(1)「実行」
は実行行為を意味し、(2)「着手」は手を着けることを意味する、ということに
なる。(1)の実行行為とは、第4章で述べたように、当該犯罪行為の類型にあて
はまる、一定程度の危険性のある行為である[3]。(2)の「着手」は、実行行為に
手をつけること、すなわち、「実行行為の開始」である、ということになる。

1　Next 総論54頁以下、現代67頁以下〔板倉宏〕、参照。
2　「既遂の罪責を負うか」という課題への解答には直接関係しないものの、第2行為が実
　際におこなわれた場合は、第2行為が実行行為となるか、という問題が生じる。「第1行
　為により結果が発生している以上、第2行為に結果を発生させる危険性を認めることはで
　きないので、第2行為は実行行為にならない」とも考えられるけれど、第2行為の時点で
　既に結果が発生しているか明確でないときは、第2行為に危険性を認めることもできない
　ではないように思う（第4章及び第6章参照）。
3　Next 総論49〜52頁参照。

ただ、①「実行行為と密接な関係のある行為の開始も『着手』に含めうるのではないか」、②「実行行為の開始だけで『着手』になるとすると、危険が現実化していないのに未遂犯の成立が肯定されることになり、不当ではないか」といった疑問が出てくる。①については、刑法の解釈は明確な基準を示すものでなければならない、ということからすると、否定的に答えざるをえない。実行行為の開始があることが「実行に着手」したと認められるための必要条件である。ただし、実行行為の開始の有無は各犯罪につき当該事案の事実関係に照らして判断されるべきものである[4]。②については、刑法の謙抑性の見地から、肯定的に答えられる。実行行為は一定程度の危険性のある行為であるけれど、その行為をしたからといって必ず未遂犯としての処罰に値するほどの切迫した危険が発生するとはいえない。以上に検討したところから、「実行に着手」した、とは、「実行行為を開始して切迫した危険を発生させた」ことをいう、と解する。ここにいう切迫した危険は、法益が害される可能性が間近に迫っていることを意味する[5]。

　問3を検討する。38条1項を文言にそって解釈すると、故意とは、「行為時に犯罪事実の認識・予見があるのに行為に出る意思」である、ということになる。構成要件的故意であれ責任故意であれ、この「犯罪事実」には結果が含まれる[6]。とすると、「第1行為により結果が発生することを予見していなかった場合は、故意は認められない」というストレートな答えが出てくる。しかし、この答えを全面的に採用することはできない。例えば、「Xは、兄の仇であるAの足を銃で撃って抵抗できない状態にしてから兄の形見の脇差で刺殺しようと思ってAの足を狙撃した。狙いが外れて弾丸はAの頭部に当たり、Aは即死した」という場合（仇討事例）では、銃を取り出してAの足に狙いをつけた時点で、「Aを銃撃により抵抗不能にして刺殺する」という殺人罪の実行行

4　例えば、窃取する物が特定している住居侵入窃盗の場合は、侵入してその物に近づいた段階で窃盗罪の実行行為を開始したものと評価でき、同罪の実行の着手を認めうる。
5　佐伯・楽しみ方343頁は、「未遂結果としての危険性には、結果発生の可能性の高さという量的要素と結果発生の切迫性という時間的・場所的要素の両方が含まれている」とする。基本的にはこの見解を支持できる。ただ、建物内に監禁されている者を殺害すべく遠距離から誘導ミサイルを発射するといったような極めて結果発生の可能性が高い場合には、発射スイッチを押した段階で殺人罪の実行の着手が認められよう。
6　Next 総論 133 ～ 136 頁参照。

為に着手したと評価できる。前述のストレートな答えをあてはめて、「X は第
1 行為（銃撃）で死亡結果が発生することを予見できなかったのであるから、
殺人罪の構成要件的故意が欠ける」とすると、殺人罪の実行の着手は認められ
ず、X の罪責は、傷害罪の実行に着手して死亡結果を発生させたということで、
傷害致死罪となる。そうなると、たまたま第 1 行為から死亡結果が発生した場
合は傷害致死罪の罪責を負うに止まるのに、予定通り A を刺殺したら殺人罪
の罪責を負う、ということにもなる。これは不合理であろう。本来、「行為に
出る意思」の「行為」は実行行為を意味するのであるから、故意が認められる
か否かは実行行為ごとに判断されるべきであって、個々の自然的行為ごとに判
断されるべきではない。「第 1 行為と第 2 行為とが殺人罪のひとつの実行行為
を構成すると評価できるときは、そのような行為によって結果が発生すること
の予見があれば故意は認められる」と解するべきである。第 1 行為と第 2 行為
とが殺人罪のひとつの実行行為を構成するか否かは、両行為が相まって、ひと
つの殺人行為の類型にあてはまるか否か（類型性評価）により判断される。前述
の仇討事例において X が開始した行為は、「相手を銃撃により抵抗不能にして
刺殺する」というひとつの殺人行為の類型にあてはまる。これに対し、「A の
足を銃撃して制圧した上で監禁し、翌日、X の親族を呼び寄せて、親族の前で
刺殺する」予定で第 1 行為を開始したときは、そのようにはいえない。ただ、
時間的・場所的間隔の程度だけで評価すべきものでもない。「X は、毎日少し
ずつ A に毒薬を飲ませて、1 週間がかりで殺害しようと計画し、初日に致死
量に達していない量の毒薬を飲ませた」という場合は、第 1 行為から第 7 行為
くらいまでが「複数回に分けて毒薬を飲ませて毒殺する」という殺人罪の実行
行為を構成すると評価できるから、初日に毒薬を飲ませた段階で殺人罪の実行
に着手したものと評価でき、A にたまたま持病があったために第 1 行為によ
り死亡したときは、（因果関係についての私見によれば）X は殺人罪の責めを負うこ
とになる[7]。

7　それでは、「30 日かけて殺害しようとした場合はどうか」とか、「300 日かけてという場
　合はどうか」とかいった話になりそうである。個別に判断するしかないところ、さすがに、
　後者のような計画を立てて致死量の 300 分の 1 の毒薬を飲ませる行為となると、切迫した
　危険の発生や行為に殺人罪の実行行為としての危険性があるかにつき疑問が生じると思う。

問1を検討する。既に述べたところから、解答は、「第1行為と第2行為とが当該犯罪のひとつの実行行為を構成すると評価でき、行為者が第1行為をおこなって切迫した危険を発生させたときは、当該犯罪の『実行に着手』した段階に至っているといえる」というものになる。

なお、因果関係の錯誤による故意阻却については、認識・予見していた因果経過と実現した因果経過が構成要件的に符合しているか否かによって判断する。因果関係についての私見は、客観的事情を基礎に、実行行為の結果発生への寄与度、因果経過の通常性、特別事情・介在事情があるときは、その結果発生への寄与度を考慮して相当性評価をおこなう客観的相当因果関係説であり（第9章参照）、両因果経過がこのような相当因果関係の範囲内にあれば、構成要件的に符合しているから故意は阻却されない、ということになる[8]。

Ⅲ　私見の具体的展開

「クロロホルム事件」として知られる、最決平成16年3月22日刑集58巻3号187頁の事案をとりあげる。その概要は、「Xは、Aの殺害を依頼されてこれを引き受け、Yら3名に対し、Aをクロロホルムで失神させた上で車ごと水中に転落させて溺死させるという計画を実行するよう指示した。Yらは、犯行当日午後9時30分頃、Aにクロロホルムを吸わせて昏倒させ（第1行為）、約2km離れた港まで運んだ上、Xに連絡し、同日午後11時30分頃、Xが港に到着すると、XとともにAをAの車の運転席に運び入れ、同車を海中に転落させて沈めた（第2行為）。Aは第2行為の前の時点で第1行為により死亡していた可能性があり、X及びYらは第1行為によってAが死亡する可能性があることを認識していなかった」というものである。同決定は、「実行犯3名の殺害計画は、クロロホルムを吸引させてAを失神させた上、その失神状態を利用して、Aを港まで運び自動車ごと海中に転落させて溺死させるというものであって、第1行為は第2行為を確実かつ容易に行うために必要不可欠なものであったといえること、第1行為に成功した場合、それ以降の殺害計画を遂行する上で障害となるような特段の事情がなかったと認められることや、第1行為と第2行為との間の時間的場所的接着性などに照らすと、第1行為は第2

8　Next 総論 157 ～ 159 頁参照。

行為に密接な行為であり、実行犯3名が第1行為を開始した時点で既に殺人に至る客観的危険が明らかに認められるから、その時点において殺人罪の実行の着手があったものと解するのが相当である。また、実行犯3名はクロロホルムを吸引させてAを失神させた上自動車ごと海中に転落させて溺死させるという一連の殺人行為に着手して、その目的を遂げたのであるから、たとえ、実行犯3名の認識と異なり、第2行為の前の時点でAが第1行為により死亡していたとしても、殺人の故意に欠けることはなく、実行犯3名については殺人既遂の共同正犯が成立するものと認められる」とした。

　私見によれば、「第1行為と第2行為とが殺人罪のひとつの実行行為を構成すると評価でき、行為者が第1行為をおこなって切迫した危険を発生させた」といえるか否かによって、殺人罪の成否を判断することになる。そこで、評価・判断すると、本件の第1行為と第2行為とは、接着しているとはいえ時間的場所的な間隔があり、YらとしてはXが来てから第2行為をおこなってAを死亡させるつもりであったと認められるので、両行為が殺人罪のひとつの実行行為を構成するとはいえない。そして、第1行為は、類型性評価を加えると殺人罪の実行行為に該当するとはいえない。したがって、第1行為の時点で殺人罪の実行の着手を認めることはできず[9]、殺人罪は成立しない、ということになる[10]。

9　「Zらが、岸壁でAをクロロホルムで失神させ、直ちに海中に転落させて溺死させようと考え、Aにクロロホルムを吸わせようとしたところ、Aは逃れようとして海中に転落し、溺死した」という場合なら、両行為は「クロロホルムで抵抗不能にさせて海中に投げ込み死亡させる」という殺人罪のひとつの実行行為を構成すると評価できるから、Zらは殺人既遂の罪責を負うことになる。

10　第1行為は傷害致死罪の構成要件に該当し、第2行為は（同行為の時点でAが生存している可能性があれば）殺人未遂罪の構成要件に該当する、ということになる（第4章参照）。後は罪数の問題になり、殺人未遂罪の成立を肯定すると、既遂故意が認められないことを理由に殺人罪の成立を否定する見解（例えば、林・判例刑法93～98頁参照）と同様の結論になる。ただ、私見は既遂故意と未遂故意とを区別しない。

第6章	**複数の個別行為と結果の発生** —特に遅過ぎた構成要件実現について

I 課題の設定

ここでの課題は、「複数の個別行為のいずれかから結果が発生した場合、構成要件該当性段階では、どのように評価すべきか」というものである[1]。

複数行為として、第1行為と第2行為を想定すると、(1)第1行為から結果が発生した場合と(2)第2行為から結果が発生した場合を考えることができる。また、行為者の所為計画について見ると、（ア）第1行為で結果を発生させる計画であった場合、（イ）第2行為で結果を発生させる計画であった場合、（ウ）第1行為、第2行為のいずれかで結果を発生させる計画であった場合を考えることができる。そして、（ウ）の場合は、(1)であれ(2)であれ、第1行為と第2行為をひとつの実行行為と評価でき、行為者は所為計画の通りに犯罪事実を実現した、といえるので、既遂の罪責を負わせることに問題はない。これに対して、(1)で（イ）の場合及び(2)で（ア）の場合は、所為計画と実現された犯罪事実に齟齬が生じることになる。前の場合が早過ぎた構成要件実現といわれる場合であり、後の場合が遅過ぎた構成要件実現ないし遅過ぎた結果発生といわれる場合である。早過ぎた構成要件実現については第5章で述べた。ここでは、遅過ぎた構成要件実現の問題をとりあげる。とすると、個別課題は、「第1行為で結果を発生させようと思って第1行為をおこなったところ、第1行為によって結果は発生せず、第2行為によって結果が発生してしまった場合、行為者は第1行為による犯罪の既遂の罪責を負うか」というものになる。

II 私見の提示

43条を文言にそって解釈すると、既遂となるのは、「犯罪の実行に着手して」これを遂げた場合、すなわち、当該犯罪の実行の着手があり、かつ、結果との間の因果関係が肯定できる場合である。また、「遂げなかった」場合が未遂犯であるところ、犯罪が（未遂犯として）終了したといえる場合は、結果との間に

---

1 Next 総論 56 〜 57 頁参照。

事実上因果関係があるといえても未遂犯にしかならない、ということになる。ここから、遅過ぎた構成要件実現の場合に既遂の罪責を負うのは、①第1行為と第2行為とが当該犯罪のひとつの実行行為であると評価できるとき、②そのような評価はできないものの、第1行為と結果との間に因果関係が認められ、かつ、結果発生前に第1行為が未遂犯として終了しているとは認められないとき、ということになる。殺人罪についていえば、「Xは、Aを銃殺しようと思って狙撃したところ負傷させることしかできず、弾丸を撃ち尽くしたので素手でAを海中に投げ落とし溺死させた」という場合は、狙撃行為と投げ落とす行為とを殺人罪のひとつの実行行為と評価できるから、Xは殺人既遂の罪責を負うことになる。しかし、「Xは、Aを銃殺しようと思って狙撃したところ負傷させることしかできなかった。Xは、Aが死亡したものと誤信し、死体を隠すつもりで、Aを海中に投げ落とし溺死させた」という場合は、そのようには評価できない。となると、狙撃行為と死亡結果との間の因果関係を検討し、これが肯定されれば殺人既遂、否定されれば殺人未遂の罪責を負う、ということになる。因果関係については、投げ落とし行為が行為後の介在事情となるので、①実行行為（狙撃行為）の結果発生への寄与度、②因果経過の通常性、③介在事情の結果発生への寄与度を考慮して相当性を判断する（第9章参照）。この事例について見ると、負傷して失神状態であるところを投げ込まれたから溺死した、と考えられることから、①③はともに高く、殺人を実行した者が死体を遺棄しようと海に投げ込むことは異常とはいえないので②は認められる。したがって、相当因果関係を肯定することができる。よって、Xは殺人罪（既遂）の責めを負うことになる。

　ただ、因果関係が肯定できても、狙撃行為でAを負傷、失神させた段階で、殺人未遂として所為が終了している、といえるのであれば、Xは殺人既遂の罪責を負わないことになる。未遂犯として所為が終了したといえるためには、実行行為により惹起された（結果発生の）切迫した危険が存在しなくなったことを要する。「Aの傷が軽く、失神も放置しておいても回復する程度のもので、Xも目的を達成したと誤信して立ち去ってしまった」という場合なら、危険は存在しなくなったと評価でき、殺人未遂として所為が終了している、といえる。したがって、その後、Xが、「死体を海に投げ込んでおこう」と考えて戻り、

Aを海に投げ込んで溺死させたとしても、XはAを狙撃したことについて殺人未遂罪に問われるだけである（なお、Aを海に投げ込む行為は死体遺棄の意思でおこなわれたものであるので、「人を（わざと）殺」す行為の類型にあてはまらず、殺人罪の実行行為に該当しない）。また、「Aは、重傷を負ったものの、医師の手当てによって命をとりとめ、治療は終了した」という場合も、殺人未遂として所為は終了している、といえる。したがって、その後、Aが階段を降りる際に後遺症のために転倒して死亡したとしても、既遂にはなることはない[2]。これに対し、Aが重傷を負い、放っておくと生死に関わるといえるときや、加害者Xが特に犯意を放棄することもなく付近にいるときには、狙撃行為によって惹起された、生命への切迫した危険は、継続して存在しているので、未遂犯として所為が終了している、とはいえない[3]。

　ちなみに、Aが傷のために死亡した場合は、本来はその時点で既遂犯として所為が終了した、ということになるはずであるものの、死亡結果が発生したかどうか不明のときは、（実体法理論としては）所為が終了したとはいえない[4]。したがって、その後、Aがまだ生きていると思いつつ殺害するために攻撃を加える行為は、「人を（わざと）殺」す行為の類型にあてはまり、人の生命を断絶させる高度の危険性が認められるとされて、殺人罪の実行行為に該当すると評価される余地がある（第5章参照）。

2　規範の保護目的の範囲外であることから後続被害につき帰属を否定する見解として、例えば、*Claus Roxin*, Strafrecht, A. T., Bd Ⅰ, 3. Aufl., 1997, Rn. 44-45, S. 934f. がある。

3　「傷害の程度が継続的に悪化していっているような場合については、因果関係が認められる限りどこまでも傷害の結果をのばしていってよい、と考えざるを得ないであろう」とする見解（佐伯仁志「犯罪の終了時期について」研修556号15頁以下〔1996年〕の21頁参照）や「体内生理（あるいは細菌感染）の必然の結果として悪化していったような場合」には後続結果を傷害と認めるべきではない、とする見解（林・判例刑法8～9頁参照）がある。少なくとも、行為者の行為とは関係のない原因で傷害が悪化し続けている場合は、後続結果を帰属させることはできない、と解する。

4　例えば、早過ぎた構成要件実現に関するクロロホルム事件の場合は、第1行為によって死亡した可能性があるというだけであるから、第2行為の前に（殺人既遂であれ傷害致死であれ）所為が終了した、とはいえない。これに対し、「XがAから現金を詐取しようと考えて欺罔行為をした後、Aが、錯誤から回復し、『こんなことまでするとは気の毒な人だな』と思ってXに現金を渡した」という場合は、錯誤から回復した段階で〈欺罔行為による錯誤に基づく交付行為により現金の占有が害される危険〉はなくなっているから、Xの所為は詐欺未遂として終了している、といえる。

第6章　複数の個別行為と結果の発生―特に遅過ぎた構成要件実現について　　**37**

なお、遅過ぎた構成要件実現の場合にも因果関係の錯誤による故意阻却の問題を考えることができる。ただ、相当因果関係が認められれば、法定的符合説の立場から、まず故意阻却は認められない、ということになる（第5章参照）。

Ⅲ　私見の具体的展開

　大判大正12年4月30日刑集2巻378頁の事案をとりあげる。その概要は、「Xは、Aを殺害すべく麻縄で頸部を絞扼したところ、身動きしなくなったので死亡したものと誤信し、犯行の発覚を防ぐため、Aを海岸の砂上に運び放置した。Aは砂末を吸引して頸部絞扼と砂末吸引により死亡した」というものである。同判決は、XがAを海岸の砂上に運び放置した行為は、頸部絞扼行為とAの死亡との間の因果関係を遮断しない、として殺人罪の成立を肯定した。

　私見によれば、同判決の結論は支持できる。頸部絞扼行為と砂上放置行為とが行為態様等を異にする以上、両行為をひとつの殺人罪の実行行為と見ることには無理がある。そこで、頸部絞扼行為と死亡結果との間の相当因果関係を検討すると、頸部絞扼行為と砂上放置行為の寄与度はともに高く、殺人の後、犯行の発覚を防ぐため死体遺棄行為に出るのは異常なこととはいえないので因果経過の通常性も認められる。したがって、相当因果関係を肯定できる。また、Aが身動きをしなくなった後もAの身体はXの支配下にあり、結果発生に至る危険がなくなったとはいえないので、殺人未遂として所為が終了したともいえない。本事案においては、殺人罪が成立する。

　東京高判平成13年2月20日判例時報1756号162頁の事案をとりあげる。その概要は、「Xは、マンション9階のX方で、Aを刺殺すべく包丁で刺突したところ、Aが玄関から逃げ出そうとしたので居間に連れ戻し、台所に包丁を戻しに行った。この隙に、Aは、ベランダに出て手すり伝いに隣家に逃げ込もうとした。XがAを連れ戻してガス中毒死させようと考え、Aにつかみかかると、Aはこれを避けようとしてバランスを崩し転落死した」というものである[5]。同判決は、「被告人〔X〕の犯意の内容は、刺突行為時には刺し殺そうというものであり、刺突行為後においては自己の支配下に置いて出血死を

5　この事案は、ガスを吸わせる前のつかまえようとする行為により結果を発生させたという点で、早過ぎた構成要件実現の事案と考えることもできる。現代71頁〔板倉宏〕参照。

待つ、更にはガス中毒死させるというものであり、その殺害方法は事態の進展に伴い変容しているものの、殺意としては同一といえ、刺突行為時から被害者〔A〕を掴まえようとする行為の時まで殺意は継続していたものと解するのが相当である。次に、ベランダの手すり上にいる被害者を掴まえようとする行為は、一般には暴行にとどまり、殺害行為とはいい難いが、本件においては、被告人としては被害者を掴まえ、被告人方に連れ戻しガス中毒死させる意図であり、被害者としても、被告人に掴まえられれば死に至るのは必至と考え、転落の危険も省みず、手で振り払うなどして被告人から逃れようとしたものである。また、刺突行為から被害者を掴まえようとする行為は一連の行為であり、被告人には具体的な内容は異なるものの殺意が継続していたのである上、被害者を掴まえる行為は、ガス中毒死させるために必要不可決な行為であり、殺害行為の一部と解するのが相当であり、本件包丁を戻した時点で殺害行為が終了したものと解するのは相当でない。更に、被告人の被害者を掴まえようとする行為と殺害者の転落死との間に因果関係が存することは原判決が判示するとおりである」として、殺人罪の成立を肯定した。

　私見によれば、同判決の結論は支持できる。Ｘは刺突行為の後、殺害方法を変更したものの、継続して、Ａをつかまえて殺害しようとしていたのであるから、刺突行為とつかまえようとする行為とは殺人罪のひとつの実行行為と評価できる。同実行行為と死亡結果との間の相当因果関係も肯定できる。本事案においては、殺人罪が成立する。

第 6 章　複数の個別行為と結果の発生—特に遅過ぎた構成要件実現について　**39**

第7章　間接正犯

Ⅰ　課題の設定

　ここでの課題は、「他人を一方的に利用して犯罪をおこなう場合、利用者が（共犯ではなく）正犯となるのはどのようなときか」というものである[1]。これを裏返すと、「正犯と共犯（教唆犯、従犯）とはどこが異なるのか」という問い（問1）になる。さらに、この課題に関連して、「被利用者が正犯であるときでも利用者は単独正犯となりうるか」（「正犯の背後の正犯」、あるいは、「正犯を一方的に利用する正犯」を承認できるか）という問い（問2）も立てられる。

Ⅱ　私見の提示

　60条、61条1項、62条1項を文言にそって解釈すれば、「犯罪を実行」した者が正犯であり、「教唆して」（そそのかして）「犯罪を実行させた者」が教唆犯であり、「正犯を幇助した者」（犯罪を実行する者を手助けした者）が従犯である、ということになる。「犯罪を実行」とは、構成要件に該当する（違法で有責な）行為、すなわち実行行為をおこなうことをいう。以上をまとめると、問1の答えは、「実行行為を自らおこなった者が正犯であり、教唆して実行行為をおこなわせた者が教唆犯であり、正犯が実行行為をおこなうのを幇助した者が従犯である」というものになる。これは文言に忠実で明確な基準を設定する妥当な解釈である（もとより、「どこまでが実行行為の範囲に含まれるか」という問題はあるものの、これは各規定を解釈して個別に確定するしかない）。また、60条が共同して（自ら）犯罪を実行した場合を共同正犯とし、61条1項が他人に犯罪を実行させた者は教唆犯であるとし、62条1項が正犯を幇助した者は従犯であるとしていることから、単独正犯以外で、他人を利用する正犯として認められるのは、共同して犯罪を実行する共同正犯だけであり、「正犯を一方的に利用する正犯は承認できない」ということになる[2]。これが問2の答えになる。さらに、「正犯とは実行行為を自らおこなった者である」とすることから、「当該犯罪が間接正

1　Next 総論 58 〜 60 頁、現代 133 頁以下、法学刑法（3）44 〜 49 頁、参照。

41

犯の形態では実行できない場合」、すなわち、「当該犯罪の構成要件が他人の行為を一方的に利用して実行することを予定していないものであるとき」（以下、「間接正犯除外犯罪」という）は、利用者は間接正犯とはならない、ということになる[3]。

以上をまとめると、課題の解答は、「①間接正犯除外犯罪ではない犯罪の②実行行為を自らおこない、③被利用者が正犯とならないときに、利用者は正犯となる」というものになる。

Ⅲ　私見の具体的展開

最判昭和 27 年 12 月 25 日刑集 6 巻 12 号 1387 頁の事案をとりあげる。間接正犯関係の事案の概要は、「X は、行使の目的をもって、それぞれ虚偽の内容を記載した証明願書 1 通を、事情を知らない村役場係員 A に提出し、それぞれに奥書及び村長職印の押捺をさせて、村長名義の虚偽の証明書各 1 通を作成させた」というものである。同判決は、刑法が、公文書の無形偽造について 156 条のほかに 157 条の規定を設け、しかも 156 条の場合より著しく軽く罰しているのは「公務員でない者が虚偽の公文書偽造の間接正犯であるときは 157 条の場合の外これを処罰しない趣旨と解するのを相当とする」として、虚偽公文書作成罪の間接正犯の成立を否定した。

私見によれば、同判決の結論は支持できる。虚偽公文書作成罪は公務員がその職務に関し虚偽内容の文書を作成する罪であって、構成要件上、非公務員が公文書作成の職務に関わっている公務員の行為を一方的に利用して実行することを予定していず、その意味で間接正犯除外犯罪である。したがって、X の行

2　このように「正犯の背後の正犯」を否定することにより、間接正犯と教唆犯の錯誤の事例（医師 X が患者 A を毒殺しようと企て、事情を知らない看護師 Y に毒薬を交付したところ、その後、Y は、毒薬であることに気づいたのに、これを A に投与して毒殺した、といった事例）で、X が殺人罪の教唆犯になる、という結論（これを支持するものとして、西田・総論 357 頁など）も説明できる。この結論は、小林・理論と実務 515 頁の提唱する「行為媒介者が不法（被害者の場合には自損行為の種類や量）を認識しつつ、その自由な意思に基づきこれを実現した場合には、背後者の正犯性が阻却される」という定式によっても支持されよう。ただ、60 条、61 条 1 項の単純な解釈によった方が簡便であるとは思う。

3　虚偽公文書作成罪や収賄罪は、非公務員が事情を知らない公務員を利用して実行することができない犯罪である。例えば、「非公務員 X は、公務員 A に『B が君の所に僕に対する支払金を持ってくるから預かっておいてくれ』と嘘を言って、贈賄金を受け取らせた」という場合、事情を知らない A の行為を利用して収賄罪を実行したとは評価できない。

為は同罪の実行行為足りえず、Xは正犯にならない。

最決昭和58年9月21日刑集37巻7号1070頁の事案をとりあげる。その概要は、「Xは、12歳の養女Aを連れて巡礼中、日頃Xの言動に逆らう素振りを見せる都度、顔面に煙草の火を押しつけたりドライバーで顔をこすったりするなどの暴行を加えて自己の意のままに従わせていたAに対し窃盗を命じて、これをおこなわせた」というものである。同決定は、たとえAが是非善悪の判断能力を有する者であったとしてもXについては窃盗の間接正犯が成立する、とした。

私見によれば、同決定の結論は支持できない。窃盗罪は間接正犯除外犯罪ではない。また、自己の庇護下にあり、日頃暴行を加えて意のままに従わせていた12歳のAに窃盗を命じれば窃取してくる可能性が高いから、Xの命じる行為は同罪の実行行為としての危険性を有しているともいえる。それでも、Aは抑圧されているとはいえ自己の意思に基づき窃盗を実行しているのであるから同罪の正犯である、と認められる。したがって、Aの背後者であるXは教唆犯になる。なお、私見は共謀共同正犯を否定するので（第14章参照）、Xは共同正犯にならない。

最決平成13年10月25日刑集55巻6号519頁の事案をとりあげる。その概要は、「Xは、スナックの経営者Aから金品を強取しようと企て、自宅にいた長男B（12歳10か月）に対し、『ママ（A）のところに行ってお金をとってきて。映画でやっているように、金だ、とか言って、モデルガンを見せなさい』などと申し向け、覆面をしエアーガンを突きつけて脅迫するなどの方法によりAから金品を奪い取ってくるよう指示命令した。Bが嫌がると、Xは、『大丈夫、お前は、体も大きいから子供には見えないよ』などと言って説得し、覆面用のビニール袋、エアーガン等を交付した。Bは、単身でスナックに赴き、同ビニール袋で覆面をして、Xから指示された方法でAを脅迫したほか、自己の判断により、出入口のシャッターを下ろしたり、Aを脅迫してトイレに閉じ込めたりするなどして金品を強取した」というものである。同決定は、「本件当時Bには是非弁別の能力があり、被告人の指示命令はBの意思を抑圧するに足る程度のものではなく、Bは自らの意思により本件強盗の実行を決意した上、臨機応変に対処して本件強盗を完遂したことが明らかである」として、間接正

犯の成立を否定し、Xについては教唆犯ではなく共同正犯が成立する、とした。

　私見によっても、間接正犯の成立は否定される。強盗罪は間接正犯除外犯罪ではないものの、Bが強盗罪の正犯と見られる以上、背後者のXは正犯にはならない。そして、共同正犯についての私見によれば（第14章参照）、XとBとが強盗罪を共同実行したとは認められず、Xは同罪の教唆犯になる。

　最決平成16年1月20日刑集58巻1号1頁の事案をとりあげる。その概要は、「Xは、保険金を入手するため、かねてからXのことを極度に畏怖していた成人女性Aに対し、事故に見せかけた方法で自殺することを暴行、脅迫を交えて執拗に迫っていたところ、1月11日午前2時過ぎ頃、漁港において、Aに対し、車ごと海に飛び込んで自殺するよう命じた。海に飛び込んだ後、車から脱出して姿を隠す以外に助かる方法はないとの心境に至らせられていたAは、飛び込むことを決意して岸壁上から車ごと海中に飛び込み、車から脱出して死亡を免れた」というものである。同決定は、「被告人〔X〕は、〔…〕、被告人を極度に畏怖して服従していた被害者〔A〕に対し、犯行前日に、漁港の現場で、暴行、脅迫を交えつつ、直ちに車ごと海中に転落して自殺することを執ように要求し、猶予を哀願する被害者に翌日に実行することを誓約させるなどし、本件犯行当時、被害者をして、被告人の命令に応じて車ごと海中に飛び込む以外の行為を選択することができない精神状態に陥らせていたものということができる。被告人は、以上のような精神状態に陥っていた被害者に対して、本件当日、漁港の岸壁上から車ごと海中に転落するように命じ、被害者をして、自らを死亡させる現実的危険性の高い行為に及ばせたものであるから、被害者に命令して車ごと海に転落させた被告人の行為は、殺人罪の実行行為に当たるというべきである」として、殺人未遂罪の成立を肯定した。

　私見によれば、同決定の結論は支持できる。殺人罪は間接正犯除外犯罪では

4　小林・理論と実務534頁は、「①被害者に重大な危難を投げかけ、②これを避けるには自殺するほか途がないと思わせれば199条の罪（の間接正犯）が成立しうる、という点において判例・学説の大方の一致があるといってよいであろう」とする。本件のXはさほどの暴行・脅迫を用いていないように見えるものの、前日に「やらなかったらおれがやってやる」と発言していることからも、命令に従わなければAを気絶させてから海中に転落させることも辞さない態度を示したと認められ、この点において、重大な危難を投げかけたものと評価できよう。

なく、また、被害者であるAは自己に対する同罪の正犯になりえないので、X
が同罪（未遂）の正犯となるか否かは、XがAに車ごと海中に転落するよう命
じた行為が（類型性評価、危険性評価によって）同罪の実行行為といえるか否かに
かかってくる。被害者に自己の生命を害する行為を強制的におこなわせる行為
は「人を（わざと）殺す行為」の類型にあてはまる[4]。問題は危険性である。同
決定は、Aを「現実的危険性の高い行為に及ばせた」と述べており、岸壁か
ら車ごと海に飛び込む行為の危険性を考えているように見えるけれど、検討す
べきものは、「そのような危険性を認識しているAに飛び込むように命じる行
為の危険性」である。Xが本件の前日及び当日にAに加えた暴行、脅迫の程
度を考えると、このような危険性は認められない、といえないではない。しか
し、本件当日、Aは（死ぬ意思はないとはいえ）飛び込む気にはなっており、X
もそのことは認識している。このようなAに飛び込むよう命じれば飛び込む
可能性は極めて高く、飛び込めばAの生命が害される可能性も高い。そのよう
に考えると、外見上は穏やかな命令行為に結果発生の危険性を認めることが
できる。したがって、Xの行為は殺人罪の実行行為に該当し、実行の着手を認
めうるから、Xは殺人未遂罪の正犯となる。

| 第8章 | 不真正不作為犯の作為義務 |

Ⅰ　課題の設定

　ここでの課題は、「通常は作為により実現されることが予定されている犯罪について、不作為を実行行為と評価できるのはどのような場合か」というものである。すなわち、「不真正不作為犯の作為義務が肯定されるのはどのような場合か」という問題である[1]。

Ⅱ　私見の提示

　実行行為に該当するか否かは、類型性評価、危険性評価によって判断する（第4章参照）。不真正不作為犯においても、これによって当該不作為が実行行為に該当するかが判断される。このようにいうと、「例えば、通行人Xが重病で倒れて瀕死の状態になっているAを見つけ、Aが死亡してもかまわないと思って、何もせずに放置し、Aが死亡した場合、Xの放置行為は『人を（わざと）殺す行為』の類型にあてはまり、かつ、Xが救急車を呼べばAは助かったということなら、放置行為に殺人罪の結果を惹起する危険性も認められる。そうなると、Xは殺人罪の責めを負うことになるけれど、この結論を支持する法律家はまずいない」といった批判がなされるであろう。これに対する反論は、「その場合、Aの生命の危険は病気によって生じたのであり、Xの放置行為によって危険が惹起されたとか増加したということではない。したがって、Xの不作為に殺人罪の結果を惹起する危険性はない。また、Xの放置行為がそのようなものであることを考えると、それが『人を（わざと）殺す行為』の類型にあてはまるともいえない」というものになる。これに対して、Xが重病のAに付き添っていた看護師など「Aの生命の安全を確保する義務のある者」であった場合は、評価は異なってくる。いつ病気の発作を起こすか分からないAの外出は危険であるところ、Xがついていれば、発作が起きたとき救命できるので危険が減少しているといえる。このような場合は、発作が起きたときに救

1　Next 総論 61 ～ 63 頁参照。

47

命行為に出ないという X の不作為は、A の生命の危険を増加させる行為であって、殺人罪の結果を惹起する危険性のある行為であり、「人を殺す行為」の類型にあてはまる。

「X は、海水浴場で幼児 A が溺れたのを現認しながら放置し、A は溺死した」という事例について考えると、X が A の付添であったとか海水浴場の監視員であったときには、X の不作為は殺人罪の実行行為足りうる、といえる[2]。海水浴場は危険な施設であり、幼児が海水浴をすることはなおさら危険であるけれど、付添がいたり、監視員が監視していて事故が起きたとき対応するようになっていることから危険が減少しているので、幼児の海水浴も許容されるのである。付添や監視員の不作為は危険を増加させるものであり、殺人罪の実行行為足りうる。

「X は、自動車運転中に過失により A をはねて重傷を負わせたのに、放置して走り去り、その後、A は死亡した」という事例でも同様である。自動車の運行は危険なものであるけれど、運転者が適切に運転し、人身事故が起こったときには救命措置をとって被害者の生命・身体を保護するよう義務づけられているから危険が減少していると考えられ、許容されるのである。自己の運転する自動車により A が重傷を負ったのに放置する行為は、殺人罪の実行行為足りうる（A を車内に収容するといった引受は必要ない[3]）。なお、「X が自宅に帰ると

2　「殺人罪の実行行為足りうる」と表現しているけれど、これは言葉通りの意味であって、必然的に殺人罪が成立する、というわけではない。例えば、危険増加の程度が低いとか、殺人罪の故意が認められないとかいうときは、保護責任者不保護罪（ないし同致死罪）が成立する、といったことになりうる。なお、一般に抽象的危険犯であると解されている保護責任者不保護罪については別の解釈が必要であり、殺人罪の不真正不作為犯の解釈をそのまま移行できるわけではない。

3　もとより、引受があれば、それをした者の不作為は殺人罪の実行行為足りうる。適切な医療措置を施さないと死亡する可能性が高い重傷者を自己の支配領域内に引き受けることは危険であり、適切に医療措置が施されるようにする者が付き添っていてこそ危険を減少させるものとなる。したがって、重傷を負った A を病院に運ぶために車内に収容する行為は、病院に運ぶ等の措置をとる者が付き添っている限りで許容される。となると、収容して付き添っている者が医療措置が施されるようにすることを止めたときは、その不作為は危険を増加させるものとして殺人罪の実行行為足りうる、ということになる。このことは、引受をした者が重傷につき責任のある者であるか否かを問わない。事故現場を通りかかって自車に A を収容した Y や搬送先の病院で治療を担当した医師 Z が医療措置が施されるようにせず放置した場合は、殺人罪の責めを負うことがありうる。

室内に侵入していた泥棒 A が病気の発作で苦しんでいた。X は、放置して再び外出した。その後、A は死亡した」という事例では、通常の家は危険な施設ではなく、X が適切に管理し中にいる人が病気になったときなどは対応するようになっていることから危険が減少しているわけでもないから、X の放置行為は、X の自宅内が排他的支配領域内であろうとなかろうと、殺人罪の実行行為足りえない[4]。

　以上をまとめると、「行為者に他人の法益を保護する義務が課せられているため結果発生の危険が減少している場合に同義務を果たさない不作為が危険を創出・増加させるものであるとき、不作為は、類型性、危険性のあるものとして当該犯罪の実行行為足りうる」ということになる。この「行為者に他人の法益を保護する義務が課せられているため結果発生の危険が減少している場合」の行為者が、作為義務者（保障者）に相当する。

Ⅲ　私見の具体的展開

　最決平成 17 年 7 月 4 日刑集 59 巻 6 号 403 頁の事案をとりあげる。その概要は、「『シャクティパット』とよばれる治療を施す特別の能力があるなどということで信奉者を集めていた X は、脳内出血で倒れて入院している A の息子 B から同治療を依頼され、B らに『点滴治療は危険である。今日、明日が山場である。明日中に A を連れて来るように』などと指示して、B が病院から運んできた A にホテル内で同治療を施し、その後、医療措置を受けさせないまま A を約 1 日間放置した。A は、痰による気道閉塞に基づく窒息により死亡した」というものである。同決定は、「被告人〔X〕は、自己の責めに帰すべき事由により患者〔A〕の生命に具体的な危険を生じさせた上、患者が運び込まれたホテルにおいて、被告人を信奉する患者の親族〔B〕から、重篤な患者に対する

4　危険の創出・増加に加えて排他的支配を要件とする見解は、子供が池に溺れている場合、①近くにいるのが父親だけのとき、②父親のほかに 10 人がいるけれど父親が助けるものと信頼しているとき、排他的支配は認められるものの、②のような信頼が存在しないときは、排他的支配は認められない、とする（佐伯・楽しみ方 94 頁）。しかし、それでは不真正不作為犯の成立範囲が不明確になってしまうであろう。私見からは、池での水遊びに付き添って来た者の不作為のみが危険を増加させるものとして殺人罪の実行行為足りうるのであり、近くに単なる通行人が何人いようと関係ない、ということになる（ただ、作為義務を負う監視員や指導者がいて子供を守っている場合は、父親の不作為によって危険が増加しないということも考えられる）。

手当てを全面的にゆだねられた立場にあったものと認められる。その際、被告人は、患者の重篤な状態を認識し、これを自らが救命できるとする根拠はなかったのであるから、直ちに患者の生命を維持するために必要な医療措置を受けさせる義務を負っていたものというべきである。それにもかかわらず、未必的な殺意をもって、上記医療措置を受けさせないまま放置して患者を死亡させた被告人には、不作為による殺人罪が成立〔する〕」と判断している。

　私見によれば、同決定の結論は支持できない。医療措置を継続して受けなければ生命に危険のある患者を医師の管理下にある病院内から他所に移動する行為は危険を増加させる行為であり、移動中、あるいは移動先において必要な医療措置を受けられるようにして患者の生命・身体を保護する義務を負う者が付き添っている限りで、危険が減少していると評価され許容される[5]。そのような者が医療措置が必要なときにこれを受けさせないことは、危険を増加させるものであり、殺人罪の実行行為足りうる。Xは、医師ではないものの、BからAの治療を委ねられて治療にあたっているので、必要な医療措置によりAの生命・身体を保護する義務のある者にあたる。その意味では、Aを病院に連れて行くよう指示しなかったことは同罪の実行行為足りうる、といえる。ただ、Xは、Aを病院に戻すことを積極的に禁じたわけではなく、Aに気道閉塞が生じたのを現認しながら指示しなかったわけでもないことを考慮すると、Xの不作為に同罪の実行行為としての類型性が認められるかについては疑問があり、同罪の未必の故意が認められるとも即断し難い。保護責任者不保護致死罪の成立を肯定するに止める、というのが穏当なところであろう。

　最判昭和33年9月9日刑集12巻13号2882頁の事案をとりあげる。その概要は、「電力会社の集金係Xは、営業所で残業中、宿直員と飲酒し、その後、自席の木机下に多数の原符が詰められた箱が3個あるのに、その傍らに内側がブリキ張りの木製火鉢を置き、これに多量の木炭をついで股火鉢をしながら執務し、嘔吐感をおぼえたので別室で仮眠をとった。Xは、戻って来た時、炭火

5　小林・理論と実務115頁は、XがAの手当を委ねられるということは、「自分で自分を助けることのできないAを囲い込み、そうしなければ提供された可能性のある救助のチャンスを遮断すること」を意味し、これをもって「Aの生命に対する許されない危険の創出ととらえるべきであると思われる」とする。

から原符に引火し机に延焼しているのを発見したのに、自己の失策の発覚を恐れたりしたため、消火措置等をとらずに営業所を立ち去り、その後、営業所の建物は全焼した」というものである。同判決は、「被告人〔X〕は自己の過失行為により右物件を燃焼させた者（また、残業職員）として、これを消火するのは勿論、右物件の燃焼をそのまま放置すればその火勢が右物件の存する右建物にも燃え移り、これを焼燬するに至るべきことを認めた場合には建物に燃え移らないようこれを消火すべき義務あるものといわなければならない。〔…〕被告人は自己の過失により右原符、木机等の物件が焼燬されつつあるのを現場において目撃しながら、その既発の火力により右建物が焼燬せられるべきことを認容する意思をもってあえて被告人の義務である必要かつ容易な消火措置をとらない不作為により建物についての放火行為をなし、よってこれを焼燬したものであるということができる」として、不作為による108条の放火罪の成立を肯定している。

　私見によれば、同判決の結論は支持できる。原符などの紙類が大量にある建物内で火気を用いた器具を使用することは危険な行為であり、このような行為は、他に火が燃え移らないように管理し、燃え移った場合は直ちに消火措置をとる者がついていてこそ許容されるものであり、Xは、火鉢内の炭火を管理していた者であり、危険を減少させるために他人の法益を保護する義務が課せられている者にあたる。したがって、炭火が他に燃え移ったことを知りながら放置する行為は、108条の放火罪の実行行為足りうる。同罪の故意は優に認められよう。

第8章　不真正不作為犯の作為義務　**51**

第9章　因果関係

Ⅰ　課題の設定

ここでの課題は、「実行行為と結果との間の因果関係はどのようなときに肯定されるべきか」というものである[1]。従来、通説的立場を占めてきたのは相当因果関係説であり、中でも折衷説が多数説となっていた。しかし、近時は、相当因果関係説に対する批判が高まり、危険の現実化を問題にする学説[2]も登場して、活発に議論されている。そこで、適正かつ合理的な処罰を可能にすべく、因果関係に関する安定した基準を提示する必要がある。

Ⅱ　私見の提示

因果関係は「実行行為によって結果が発生した」という関係であるから、第一に、実行行為と結果との間に条件関係があり、第二に、実行行為から結果が発生したことが相当と評価できるときに因果関係を肯定すべきである。第二の相当性の判断は、(1)客観的事情を基礎に、(2)特別事情・介在事情があるときは、①実行行為の結果発生への寄与度、②因果経過の通常性、③事情の結果発生への寄与度、といったものを考慮しておこなう。

第一の条件関係については、基本的に条件関係公式により判断する。この公式よりも結果が結果回避可能性を前提とした結果回避義務違反に基づいて発生したかを問題とする見解もあるものの[3]、判断の安定化のためには、この公式により評価した方がよいと考える[4]。

第二の相当性については、基礎事情（判断基底）を限定することなく判断する。従来の相当因果関係説は相当性判断の基礎とする事情に限定を加える。し

1　Next 総論 65 頁以下参照。
2　山口・総論 58 頁以下参照。
3　山口・総論 56 ～ 57 頁参照。小林・理論と実務 141 頁は、「条件関係を結果回避可能性として理解し直すことが最も望ましいのではなかろうか」とする。
4　佐伯・楽しみ方 52 頁は、「因果関係判断の第 1 段階は、やはり事実のつながりの確認であるべきであり、事実的因果関係と結果回避可能性は別個の要件として扱うべきだと思われる」とする。

かし、因果関係の相当性は客観的に判断されるべきものであり、一般人が認識しうるとか予見可能であるとかいったものに基礎事情を限定する理由はない[5]。また、①の実行行為の寄与度は「実行行為そのものの危険性の大小」[6]と同様のものであるけれど、「危険性」というと実行行為自体の危険性と混同されがちであるので、「寄与度」と表現する（例えば、XがAをライフル銃で狙撃するという極めて危険な殺人罪の実行行為をおこない、Aにかすり傷を負わせたところ、YがAを刺殺したという場合、Xの狙撃行為は、危険なものであっても、Aの死亡結果発生についての寄与度は小さいから、狙撃行為と結果との因果関係は否定される）。なお、介在事情が実行行為により誘発されたものであること[7]は、実行行為の寄与度を評価する際に考慮すべき要素として位置づける。

Ⅲ　私見の具体的展開

1) 特殊事情が関係した事案　布団むし事件上告審判決（最判昭和46年6月17日刑集25巻4号567頁）の「Xが、金員を強取するためA（63歳・女性）に対し、仰向けに倒して頸部を締めつけ、夏布団で顔面を覆って鼻口部を圧迫するなどの暴行を加えたところ、心臓疾患を患っていたAは急性心臓死により死亡した」という事案をとりあげる。同判決は、被害者に重篤な心臓疾患があることを行為者が知らなかったとしても、暴行が特殊事情と相まって致死結果を生ぜしめたと認められる以上、因果関係を認める余地がある旨判示した。

　私見によっても、特殊事情を含む客観的事情を基礎に相当性を判断すると、かなりの程度の暴行を加えているので実行行為の寄与度は大であり、因果経過の通常性も認められるから、因果関係は肯定されることになる。

2) 実行行為以外の行為が介在事情となった事案　行為者の行為の介在の例として、熊撃ち事件上告審決定（最決昭和53年3月22日刑集32巻2号381頁）の「Xは、熊と間違えて猟銃でAを撃って十数分以内に死亡する重傷を負わせた

5　小林・理論と実務142頁は、「まずもって判断基底を限定するというプロセスは、まさに、それが相当因果関係を阻却するかが問題とされるべき行為後の異常な介在事情を、あらかじめ考慮の外においてしまうという深刻な矛盾をはらんでいる」とする。

6　前田・総論140頁参照。もっとも、同141頁は、「実行行為の結果発生への寄与の程度」と表現している。ただ、併発・介在事情が実行行為によって誘発されたかは、実行行為の寄与度とは別の考慮要素とされているようである。

7　佐伯・楽しみ方71頁は、「行為と介在事情の結びつき」という表現を用いている。

後、早く楽にさせて逃走しようと考え、至近距離から銃撃して殺害した」という事案をとりあげる。同決定は、業務上過失傷害罪と殺人罪の併合罪になるとした原判決を「結論においては正当である」とした（因果関係については言及していない）。

私見によれば、介在事情の寄与度が極めて高いので、相当性は否定され、Xの業務上過失行為に死亡結果は帰属しないということになる。

被害者の行為の介在の例として、高速道路進入事件上告審決定（最決平成15年7月16日刑集57巻7号950頁）の「XらがAに対し、公園やマンション居室内で長時間にわたり激しい暴行を加えたところ、Aは隙を見て逃走し、約10分後にXらの追跡から逃れるために同マンションから約763mないし約810m離れた高速道路に進入し、自動車に衝突し轢過されて死亡した」という事案をとりあげる。同決定は、Aの行動がXらの暴行から逃れる方法として「著しく不自然、不相当であったとはいえない」と述べて因果関係を肯定した原判決は正当であるとした。

私見によれば、確かにXらの暴行は執拗で激しいものであり、高速道路進入を誘発したともいえるので、実行行為の寄与度は一定程度は認められる。しかし、因果経過の通常性についてはかなり疑問があり（高速道路のそばで暴行を加えたというのであれば評価は変わってくるように思うけれど、本件では800m程度離れており、Xらに追跡されていたようでもない）、介在事情（Aの過失行為）の寄与度は高い。因果関係は否定されると考える。

第三者の故意行為の介在の例として、大阪南港事件上告審決定（最決平成2年11月20日刑集44巻8号837頁）の「Xは、飯場において、Aに対し、洗面器の底や皮バンドで殴打するなどの暴行を加え、恐怖により内因性高血圧性橋脳出血を起こして意識喪失状態に陥ったAを大阪南港の資材置場まで運んで放置した。その後、Aは死亡した。その頭頂部には角材で生前殴打された痕跡があった」という事案をとりあげる。同決定は、「犯人の暴行により被害者の死因となった傷害が形成された場合には、仮にその後第三者により加えられた暴行によって死期が早められたとしても、犯人の暴行と被害者の死亡との間の因果関係を肯定することができ〔る〕」とした。

私見によっても、実行行為の寄与度は高く、因果経過の通常性は認められ、

第9章　因果関係　**55**

介在事情の寄与度は低いから、相当性が認められて、因果関係は肯定されることになる。もとより、これが、「資材置場に横たわっていた A を第三者がライフル銃で射殺した」という事例であるなら、因果経過の通常性は否定され、介在事情の寄与度は極めて高いので、因果関係は否定されることになる。

　第三者の過失行為の介在の例として、航空管制官誤指示事件上告審決定（最決平成 22 年 10 月 26 日刑集 64 巻 7 号 1019 頁）[8] の「航空路管制業務に従事中、旅客機 907 便と同 958 便が急接近したので、958 便に対して降下指示を行うべきであるところ、便名をいい間違え、907 便に対し降下指示を出した。907 便の機長 A は、同機に装備されていた TCAS（Traffic alert and Collision Avoidance System：航空機衝突防止装置）が上方向への回避措置の指示（上昇 RA〔RA：Resolution Advisory〕）を発したのに過って降下の操作を継続し、著しく接近した 958 便との衝突を避けるため、さらに急降下の操作をおこなった。そのため、907 便の乗客らが跳ねあげられて落下し、57 名が負傷した」という事案をとりあげる。同決定は、A 機長が「上昇 RA に従わなかったことが異常な操作などとはいえず、むしろ同機長が降下操作を継続したのは、被告人 X から本件降下指示を受けたことに大きく影響されたものであったといえるから、同機長が上昇 RA に従うことなく 907 便の降下を継続したことが本件降下指示と本件ニアミスとの間の因果関係を否定する事情になるとは解されない。そうすると、本件ニアミスは、いい間違いによる本件降下指示の危険性が現実化したものであり、同指示と本件ニアミスとの間には因果関係があるというべきである」とした。

　私見によれば、航空管制官の誤った指示は必然的に死傷結果を惹起する航空機衝突等の事故につながるものであり、本件もそのような類型にあてはまるものであって、実行行為の寄与度は極めて高く、同決定も述べているように因果経過の通常性も否定できない。A の過失の程度もかなりのものであり、介在事情の寄与度も低いとはいい難いものの、各要素を考量して相当性は認められ、因果関係は肯定されると考える。

8　現代 29 頁以下〔清水洋雄〕参照。

第 10 章　35 条による違法性阻却の基準

I　課題の設定

ここでの課題は、「35 条の『正当な〔…〕行為』として違法性阻却されるか否かはどのような基準により判断すべきか」というものである。優越的利益説からは優越的利益の保護となるかが基準になり、社会的相当性説からは社会的に相当と認められるかが基準になる。判例は、やや社会的相当性説気味の総合判断説とでも呼ぶべき考えを採っている[1]。

II　私見の提示

刑法の目的が人権侵害防止であること（第 1 章参照）、35 条の特別規定ともいえる、36 条 1 項が「権利」の防衛を正当化し、37 条 1 項が害の均衡を正当化の要件としていることから考えて、私見の基準はつぎのようなものとなる。

第一に、当該構成要件該当行為によって害される利益 a とその行為によってもたらされる利益 β とを比較衡量し、a が β を上回らないとき（$a = \beta$ か $a < \beta$ のとき）には違法性阻却を肯定するべきである。そして、両利益の比較衡量の際には結果のみならず行為の危険性も考慮されてしかるべきである。結果が軽微、あるいは発生していない場合でも行為が危険なときには違法性阻却は否定されうる。また、特定の犯罪の構成要件に該当する行為の違法性阻却の基準で

1　Next 総論 83 〜 86、96 〜 97 頁参照。

2　山口・総論 107 頁は、「一定の犯罪による処罰を正当化する違法性を基礎付けることができるのは、当該犯罪構成要件の中に規定された結果（法益侵害・危険）惹起に限られるということを意味しており、これが、罪刑法定主義が実質的に要請するところである」とする。これに対し、佐伯・楽しみ方 103 頁は、緊急避難については、「行為によって保全された利益が侵害した利益を上回っていることを理由に違法性阻却が認められるので、当該行為から発生した法益侵害はすべて考慮に入れなければならない」として、A が自転車をぶつけられて負傷するのを避けるため B を突き飛ばして B を負傷させるとともにもっていた壺を壊した場合、「傷害罪の違法性阻却の判断において、B への侵害と壺の損壊の双方が考慮されるべきである」とする。しかし、壺を損壊した点は器物損壊等罪の成否において評価されるべきであろう。佐伯は、同頁で、A の行為が過失によるもので器物損壊等罪の構成要件に該当しない場合や器物損壊の点が不起訴になった場合にも傷害罪の違法性判断において壺の損壊が考慮されるべきだとする。しかし、処罰されない結果についてまででなぜ行為者に不利益に考慮しなければならないのか、よく分からない。

ある以上、aは、その特定の犯罪の保護法益でなければならない[2]。例えば、Xが A の同意を得て A に傷を負わせる行為が B の財産を害するからといって、B の財産的利益をaに含めるべきではない。これに対して、βは、その特定の犯罪の保護法益に限らない。例えば、医師 Y が C の同意を得て危険な外科手術をおこなう場合、C の生命や健康の回復といった利益はもとより、医療技術の進歩といった利益もβに含めうる。

第二に、aがβを上回っても、その程度が軽微であり、行為に社会的相当性があり処罰するべきではない、と考えられるときには、違法性阻却を肯定するべきである。これは、第一の比較衡量とは別の基準である。

Ⅲ 私見の具体的展開

最決昭和 55 年 11 月 13 日刑集 34 巻 6 号 396 頁[3]の事案をとりあげる。その概要は、「X は、A、B、C と保険金詐取のため交通事故を偽装して保険金を得ることを共謀し、自己の運転する自動車を、交差点で信号待ちのため一時停止中の D 運転の軽自動車に追突させ、軽自動車をその前に停車していた貨物自動車（A、B、C が乗車）に追突させて、A ないし D を負傷させた」というものである。同決定は、「〔A の〕右承諾は、保険金を騙取するという違法な目的に利用するために得られた違法なものであって、これによって当該傷害行為の違法性を阻却するものではないと解するのが相当である」とした。

私見によれば、同決定の結論は支持できる。もっとも、承諾（同意）ないしその目的が違法であるとか、保険会社の財産を害する危険があるとかいったことから違法性を肯定する、というのでは、aに被害者以外の者の財産的利益を含めることになってしまう。ただ、この事案では、βに相当するものは「A らが（違法に）保険金を取得する利益」くらいであるところ、このような違法な利益を衡量の対象にすることはできない。とすると、違法性阻却を肯定するには、「A らの同意があることによって、a（要保護性のある、A らの身体の生理的機能）が消滅しているのでaがβを上回っていない」（$a = 0$、$\beta = 0$）という風にもっていくことになるけれど、道路上で A らの自動車に自分の自動車を追突させるという極めて危険な行為をおこなって A らの生命・身体に対する重

---

3 Next 総論 85 ～ 86 頁参照。

大な危険を発生させているので、a を同意のみで消滅させることはできず、結局、a が β を上回っている（$a > \beta$）、ということになる。また、前節の第二の基準に照らしても、X の行為に社会的相当性があるとすることはできず、違法性は阻却されないということになる。

最決平成 21 年 12 月 7 日刑集 63 巻 11 号 1899 頁[4] の事案をとりあげる。その概要は、「医師 X は、昏睡状態にある入院患者 A の家族からの要請もあって、A の気管内チューブを抜いた。すると、予期に反して A が苦悶様呼吸を始め、X は、これを鎮静剤で鎮めることができなかったため、筋弛緩剤を投与させて、A を死亡させた」というものである。同決定は、X の行為は「本件事情の下では法律上許容される治療中止には当たらない」とした。

私見によれば、同決定の結論は支持できる。本件のような治療中止や積極的安楽死の事案では、β に相当するものは患者の「死亡までの間の肉体的・精神的苦痛」といったものになる（治療費の節約とか患者の親族の精神的苦痛の軽減なども考えられるものの、a である患者の生命とは比較の対象にならないであろう）。しかし、本件のように患者に意識がないときはもとより、意識があっても医学的方法で肉体的苦痛を緩和できるときは[5]、a が β を上回っていない（$a = \beta$ か $a < \beta$ である）とは考えられない。また、本件のような状況で筋弛緩剤を注射する行為に社会的相当性があるともいい難い。違法性阻却は否定される、と考える。

最決昭和 53 年 5 月 31 日刑集 32 巻 3 号 457 頁[6] の事案をとりあげる。その概要は、「新聞記者 X は、外務事務官 A に対し、取材に困っているので秘密文書を見せてほしい旨の依頼をして、秘密指定のされていた電信文案のコピーを交付させた」というものである。ここでは、秘密漏示をそそのかす行為（国家公務員法 111 条の罪にあたる）が正当な取材活動として違法性が否定されるか、が問題になった。同決定は、X は、「取材対象者である A の個人としての人格の尊厳を著しく蹂躙したものといわざるをえず、このような被告人〔X〕の取材行為は、その手段・方法において法秩序全体の精神に照らし社会観念上、到底是認することのできない不相当なものであるから、正当な取材活動の範囲を逸

4　現代 105 頁〔高瀬俊明〕参照。
5　したがって、仮に A の書面による同意があったとしても違法性は阻却されないであろう。
6　Next 総論 84 ～ 85 参照。

脱している」として、違法性を肯定した。

　私見によれば、同決定の結論は支持できない。人格の尊厳に関する取材対象者の利益は、そそのかし罪の保護法益とは関係がなく α に含めることはできない。漏示された秘密の要保護性がさほどのものではなかったことを考慮すると α は軽微で、報道により国民の得る利益 β を上回るとはいえない。違法性は否定される、と考える。

　最決平成 24 年 2 月 13 日刑集 66 巻 4 号 405 頁[7]の事案をとりあげる。その概要は、「少年 A の保護事件の鑑定人である医師 X は、A や B（A の父）の供述調書等を含む事件記録（写し）を鑑定資料として家庭裁判所から貸与されていたところ、非公開の少年事件審判手続進行中に、ジャーナリスト C からの取材に応じて、C に、同事件記録を閲覧させ、A の心理検査の結果等の記載された文書を閲覧謄写させ、鑑定結果等が記載された文書を交付した」というものである。第一審判決（奈良地判平成 21 年 4 月 15 日刑集 66 巻 4 号 440 頁）は、秘密の内容や秘密の主体の受ける不利益なども考慮して違法性阻却を判断するとしつつ、「A の少年審判手続進行中であって、鑑定人の立場にありながら、C らに本件事件記録を自由に閲覧させるなどしており、手段の相当性を著しく欠くこと、その記録等の内容は A、B のプライヴァシー等にかかわるものであること」などを理由に違法性阻却を否定している（刑集 66 巻 4 号 464 ～ 465 頁）[8]。この判断は、上級審でも変更されていず、学説もさほど批判していない[9]。

　私見によれば、この判断は支持できない。第一審判決に見られる「少年審判

7　Next 総論 100 頁、現代 93 頁〔杉山和之〕、参照。

8　第一審判決は「刑法 134 条 1 項所定の『正当な理由』はないものと認められるから、その違法性は阻却されない」と述べており、「正当な理由がない」ということは「違法性阻却事由にあたらない」ということである、という解釈を前提にしている（学説もこのような解釈を採用している）。しかし、「正当な理由がない秘密漏示であってこそ 134 条 1 項の罪の構成要件に該当し、さらに、35 条等による違法性阻却が問題になる」と解するのが妥当である。134 条、130 条、133 条に「正当な理由がないのに」という文言（旧表記は「故ナク」）がわざわざ入っているのは、秘密漏示、信書開封、住居等侵入・不退去といった行為については類型的に可罰性がないものまで各罰条に該当するというのは妥当でないので、あえて正当な理由がない場合に限定したものであろう。例えば、近隣住民があいさつをしながら住居に立ち入る行為は住居侵入罪の構成要件に該当せず、無断で解錠して立ち入る行為は同罪の構成要件に該当するものの令状による捜索・差押えであるなら 35 条の法令行為として違法性が阻却されるのである。

手続進行中」であるという点が少年審判を非公開にすることによって得られる
利益を考えているということなら、かかる利益は a に含まれない。「鑑定人の
立場にありながら」という点も、鑑定人に守秘義務を課すことによって得られ
る利益を考えているのなら、かかる利益はやはり a に含まれない。しかも、同
判決は行為者が134条1項の「医師」にあたるということで秘密漏示罪の構成
要件該当性を肯定しているのであるから、鑑定人であることが違法性判断に影
響を及ぼすとするのは不合理である。行為者がジャーナリストを信頼してコピ
ーをとらないなどの約束をした上で閲覧させていることや、秘密漏示行為によ
って秘密の主体である少年らの利益がどの程度害されたか今ひとつよく分から
ないことを考慮すると、違法性阻却を肯定する余地があるように思う（ちなみ
に、同判決は、ジャーナリストらの取材行為は違法と評価できないとしているところ、取材
行為の違法性を否定しつつ取材協力行為の違法性を肯定する理由は十分述べられていないよ
うに思う）[10]。

9　違法性阻却について好意的なものとして、辰井聡子「鑑定医による秘密漏示」長谷部恭
　男ほか編『メディア判例百選』12頁以下（有斐閣、第2版、2018年）の13頁があげられる。
　そこには、医師の業務に対する信頼性を低下させたことを考慮すると「本事案で正当化が
　否定されたのはやむを得ない。しかし、取材に応じて口頭で内容を伝える行為や、供述調
　書を閲覧させた場合でも、監視下でメモを取らせるなど、報道における適切な取扱いのた
　めの配慮が一定程度なされていた場合には、正当な取材協力行為として、違法阻却を認め
　るべきであるように思われる」と述べられている。ただ、私見によれば、「医師の業務に
　対する信頼性」は a には含まれず、行為者がジャーナリストらを信頼して閲覧をさせたの
　は無理からぬところがあるという事実評価により、より違法性阻却の方向への判断がなさ
　れることになる。
10　このあたりの判示内容については刑集66巻4号461〜465頁を参照。なお、設楽裕文
　「秘密漏示罪と取材」政経研究56巻2号79頁以下（2019年）の98〜101頁参照。

第10章　35条による違法性阻却の基準　　**61**

第11章　正当防衛の趣旨と要件

I　課題の設定

　ここでの課題は、「36条1項の『急迫不正の侵害』に対して権利を『防衛するため、やむを得ずにした行為』とは何か」というものである。従来、概説書などでは、「急迫」、「不正」、「侵害」、「防衛するため」、「やむを得ずにした行為」の意義が抽象的に示されるに止まり[1]、具体的判断基準の設定は判例によって進められてきた。だが、「判例は明確な基準設定をしてきたか」と問われると否定的に答えざるをえないところがある[2]。例えば、最決平成29年4月26日刑集71巻4号275頁は、「刑法36条は、急迫不正の侵害という緊急状況の下で公的機関による法的保護を求めることが期待できないときに、侵害を排除するための私人による対抗行為を例外的に許容したものである。したがって、行為者が侵害を予期した上で対抗行為に及んだ場合、侵害の急迫性の要件については、侵害を予期していたことから、直ちにこれが失われると解すべきではなく〔…〕、対抗行為に先行する事情を含めた行為全般の状況に照らして検討すべきである。具体的には、事案に応じ、行為者と相手方との従前の関係、予期された侵害の内容、侵害の予期の程度、侵害回避の容易性、侵害場所に出向く必要性、侵害場所にとどまる相当性、対抗行為の準備の状況（特に、凶器の準備の有無や準備した凶器の性状等）、実際の侵害行為の内容と予期された侵害との異同、行為者が侵害に及んだ状況及びその際の意思内容等を考慮し、行為者がその機会を利用し積極的に相手方に対して加害行為をする意思で侵害に臨んだとき〔…〕など、前記のような刑法36条の趣旨に照らし許容されるものとはいえない場合には、侵害の急迫性の要件を充たさないものというべきである」と述べている（なお、同決定は、本件の侵害は急迫性の要件を充たさない、と判断している）。

1　Next 総論 114 頁以下参照。

2　最判昭和46年11月16日刑集25巻8号996頁は、「『急迫』とは、法益の侵害が現に存在しているか、または間近に押し迫っていることを意味〔する〕」といった具合に、文言にそった解釈を展開していた。これに対し、積極的加害意思という概念を導入して急迫性を実質化したのが、最決昭和52年7月21日刑集31巻4号747頁である。

ここにはいろいろな考慮要素が掲げられているけれど、要は「刑法 36 条の趣旨に照らし許容されるものとはいえない場合」には要件を充たさないといっているに過ぎない。そして、「刑法 36 条の趣旨」、すなわち、「緊急状況の下で公的機関による法的保護を求めることが期待できないとき」の対抗行為の例外的許容と考慮要素との関係も明確ではない。例えば、最初にあげられている「行為者と相手方との従前の関係」と「公的機関による法的保護を求めることが期待できないとき」とは、どのような関連性があるのだろうか（侵害者が友人・知人であったら法的保護を求めることが期待できないということになるのか、その逆なのか。普段から仲が悪いとか良いとかいうのはどのように評価されるのか[3]）。

　各罰条と異なり、違法性阻却事由に関する規定はかなり抽象的な文言になっており、しかも犯罪の成立を否定する規定なので、趣旨・目的を考慮して拡張ないし類推により解釈・適用することが許される。しかし、それも程度によるのであり、条文の文言から離れたものであってはならない。例えば、「X と A とが携帯電話で口論し、A は、激昂して『今から行ってやっつけてやるからな』といい、10 分後に X の前に現れてハンマーで殴りかかった。X は A を手拳で殴打して負傷させた」という場合、A の発言時に侵害は間近に迫り、10 分後に現在するに至ったように思える。それでも何らかの事情を考慮すると「急迫」性が否定されるというのなら、否定の条件とその根拠が示されなければならない。36 条 1 項の趣旨からするとこの場合急迫性が否定される（したがって、ハンマーに対し素手で対抗しても正当防衛は成立しない）というのでは、説得力に欠ける。しかも、36 条 1 項の趣旨についても議論がある。趣旨を明らかにした上、明確な基準を設定しなければならない。

II　私見の提示

　36 条 1 項の趣旨を考える。「自己又は他人の権利を防衛するため」という文言があることから考えて、同項は、〈権利を防衛する権利の行使〉である正当防衛行為を「罰しない」としたものであると考える。自己・他人の権利が不正

3　本件の被害者は被告人の知人であり被告人との仲はかなり悪かったようである。しかし、「仲が悪いから公的機関による保護が期待できた」ということにはならないであろう。なお、本文で後述する本件の事案においては、被告人が警察など公的機関による保護が期待できる状況にあったかも疑問である。

に侵害されるとき防衛のため反撃する権利のあることは疑う余地のないところであろう。憲法13条が「生命、自由及び幸福追求に対する国民の権利」の尊重につき規定しているのもこれを裏づける。正当防衛は自然権といってもよい基本的な権利の行使であることを忘れてはならない。そうはいっても、権利の行使も濫用されて不要に他人の権利を害してはならないので、36条1項は、正当防衛の一応の要件を規定したのである。それは、前掲判例が述べるような、「公的機関による法的保護を求めることが期待できないとき」に例外的に許容される、というようなものではない。「公的機関の保護を求める余裕があると防衛権行使が違法になる」という所説に説得力はない[4]。

それでは、正当防衛権の行使か否か（あるいは、防衛権の濫用か否か）は、どのような基準で判断すべきか。これについては、防衛行為（構成要件に該当する行為であるから、何らかの保護法益を害する行為である）によって害される利益 a と防衛される利益 β とを比較して a が β を著しく上回り[5]、防衛行為に社会的相当性が欠けるときは、正当防衛権の行使とはいえない、ということになる、と考える。

36条1項の趣旨を以上のようにとらえると、同項の「急迫」とは、文言通り不正の侵害が現に存在しているか間近に迫っていることをいい、「不正の侵害」とは、防衛者において防衛行為をすることを妨げられない、換言するなら、被侵害者（防衛者・第三者）において甘受するいわれのない、権利を害する行為をいい、「防衛するため」とは、防衛行為が侵害を防ぐためのものであることをいい、「やむを得ずにした行為」とは、防衛行為によって害される利益が防衛される利益を著しく上回らないか、防衛行為として社会的相当性のある行為

4　西田・総論163頁は、歴史的に見ると、正当防衛は「自然権としての無制限の自己防衛に、社会功利的な制限が加わってきた」ものであるとする。また、佐伯・楽しみ方114頁も「正当防衛は歴史をもたない」といわれるのは「正当防衛権が、緊急状況における人間の自己保全の権利として理解されるからである」とする。

5　ここにおける利益の比較においては、正当防衛が権利の行使であること、侵害者が不正の侵害をなすことによって自己の利益の法的保護を一定程度放棄していると考えられることから、β の優越性が認められ、また、利益の「量」は基本的に問題とならないことになる。例えば、A が自分の価格100万円の犬3頭をけしかけて X の価格1000円の犬をかみ殺させようとした場合、X がやむを得ず A の犬3頭を殺傷して A に300万円以上の損害を与えたとしても、X の行為は正当防衛となる。

をいう、ということになる。

Ⅲ　私見の具体的展開

　私見のような解釈によると、侵害が予期されていても急迫性は失われない。もっとも、行為者自身があえて侵害を惹起した場合は別である。例えば、「Xは、Aが自分を木刀で攻撃しようと準備しているのを知り、自ら棍棒を用意してA宅前まで赴いた上、『勝負しろ』といってAを呼び出し、木刀で殴りかかってきたAを棍棒で殴打して傷を負わせた」という場合は、行為者自らが侵害を迫らせたのであり、Xにおいて甘受するいわれのない権利を害する行為があったともいえないから[6]、「急迫不正の侵害」は存在しない。また、XがAの所へ赴かなくても、自宅で棍棒を用意してAの到着を待ち、Aから呼び出されるや、待ってましたとばかりに闘争の誘いに応じた場合も同様である。これに対して、Xが「闘争に応じる気はないけれど、殴りかかってくるかも知れないから棍棒を持って行こう」と思って、Aの呼出しに応じたところ、Aが木刀で殴りかかってきたので棍棒で応戦した場合は、急迫不正の侵害は存在する、ということになる。

　最決平成29年4月26日刑集71巻4号275頁（前掲）は、「Xは、知人Aから身に覚えのない因縁をつけられたりして立腹していたところ、午前4時2分頃、AからX宅マンションの前に来ているから降りて来るようにと電話で呼び出され、自宅にあった包丁を携帯して同マンション前の路上に赴き、Aのハンマーで殴りかかる攻撃を防ぎながら、Aの左側胸部を包丁で刺突して殺害した」という事案につき、本件行為全般の状況に照らすとXの行為は急迫性の要件を充たさないと判断した。

　私見によれば、Aのハンマーによる攻撃はXにおいて甘受するいわれのないものであり、急迫不正の侵害は存在する、といえる。もっとも、刺突行為は「やむを得ずにした行為」にはあたらず、結局、本件事案では正当防衛の成立は否定される（36条2項の適用はありうる）、と考える。

　最決平成20年5月20日刑集62巻6号1786頁の事案をとりあげる。その概要は、「Xが、Aといい争いをしてAのほおを手拳で殴打し走り去ったところ、

6　Xの行為は、決闘罪ニ関スル件1条ないし3条に触れることからも、不正といえる。

自転車で追いかけてきたＡに背後から右腕で殴打されて倒されたので、起き上がってＡを特殊警棒で殴打して傷を負わせた」というものである。同決定は、「被告人〔Ｘ〕は、Ａから攻撃されるに先立ち、Ａに対して暴行を加えているのであって、Ａの攻撃は、被告人の暴行に触発された、その直後における近接した場所での一連、一体の事態ということができ、被告人は不正の行為により自ら侵害を招いたものといえるから、Ａの攻撃が被告人の前記暴行の程度を大きく超えるものでないなどの本件の事実関係の下においては、被告人の本件傷害行為は、被告人において何らかの反撃行為に出ることが正当とされる状況における行為とはいえないというべきである。そうすると、正当防衛の成立を否定した原判断は、結論において正当である」とした。

　私見によれば、同決定の結論は支持できる。ＸはＡを手拳で殴打することにより闘争状況を作出し、同状況下でＡの素手による暴行を受けたのであるから、Ａの暴行は、Ｘにおいて甘受するいわれのない、権利を害する行為とはいえず、「不正の侵害」にはあたらない。したがって、正当防衛の成立は否定される、と考える[7]。

7　本件事案で、仮に、Ａが日本刀で攻撃してきたのであれば、Ｘの手拳による殴打とは異質の新たな急迫不正の侵害が現出したことになるから、Ｘの反撃は正当防衛足りうることになる。また、仮に、ＸがＡの攻撃を腕を押さえるなど社会的相当性のある方法で制圧したのであれば、闘争を鎮める正当行為として違法性が阻却されよう（佐伯・楽しみ方 159 頁は、このような取り押さえ行為は「正当防衛として許容されてよい」とする。私見からはＡの攻撃を不正の侵害と評価できない以上、正当行為として許容することになる）。

第 11 章　正当防衛の趣旨と要件　　**67**

第 12 章　複数の反撃行為と正当防衛、過剰防衛

I　課題の設定

　ここでの課題は、「急迫不正の侵害にあたる攻撃に対し第 1 反撃行為をして攻撃が終了した後、第 2 反撃行為をした場合、第 1 反撃行為、第 2 反撃行為に、36 条 1 項、2 項は適用されるか」というものである。これをさらに細分化すると、「36 条 1 項の『侵害』はどのようなときに終了するのか」(問 1)、「侵害終了後の反撃は 36 条 1 項の『侵害に対して』行った行為といえるか」(問 2)、「侵害終了後の反撃は 36 条 2 項の『防衛の程度を超えた行為』といえるか」(問 3)といった問いになる。

　判例は、侵害終了後の反撃行為は、正当防衛にも過剰防衛にもならず (問 2・3 に対する否定的解答)、そのように解することが不当であるときには、(1)侵害の継続を認めたり (問 1 の点を緩やかに解することによる調整)、(2)第 1 反撃行為と第 2 反撃行為を一連の (あるいは、一体の) 反撃行為と見て、その一部である第 1 反撃行為の時点では侵害が継続している以上、36 条 2 項の適用を肯定できるとして (問 3 に対する否定的解答の修正)、結論の妥当性を確保してきた[1]。しかし、(2)に対しては、「第 1 反撃行為と第 2 反撃行為とが一連の反撃行為となり、第 1 反撃行為の時点で侵害が終了していなければ、第 2 反撃行為も含めて侵害に対する反撃行為として扱うということになるから、36 条 1 項の他の要件が充たされるなら、一連の反撃行為全体が正当防衛になるとすべきではないか」、「一連の反撃行為が正当防衛にはならず過剰防衛にのみなるというのでは、第 1 反撃行為が正当防衛の要件を充たしている場合、その後第 2 反撃行為をしたために第 1 反撃行為は正当防衛にならないということになって不当であるから、

1　Next 総論 118 ～ 119 頁、現代 117 頁以下〔板倉宏〕、参照。侵害の継続を認めて 36 条 2 項の適用を肯定したものとしては、鉄パイプで殴打してきた侵害者が勢い余って文化住宅 2 階の手すりの外側に上半身を乗り出した状態になっても、加害意欲が存続しており、間もなく体勢を立て直した上、再度の攻撃に及ぶことが可能であったと認められることなどから、侵害が継続していると判断した、最判平成 9 年 6 月 16 日刑集 51 巻 5 号 435 頁をあげることができる。

69

第1反撃行為は除いて、第2反撃行為について過剰防衛になるかを判断するべきではないか」[2] といった疑問を提示しうる。そこで、これらの疑問に答えうる解釈が必要になる。

Ⅱ　私見の提示

問1について述べる。36条1項の文言から、正当防衛は侵害から自己又は第三者の権利を防衛するための行為である、といえる以上、これらの権利が侵害者の行為によって害される危険がなくなったときに侵害は終了する、と考える。危険がなくなったか否かは、反撃行為の時点において侵害者の意思を含めた客観的事情を基礎にして判断するべきである。なお、侵害者が侵害行為を開始した後で侵害の意思を喪失しても、危険がなくならない以上、侵害は継続していると評価すべきである（例えば、AがXに向けてAの犬をけしかけた後、攻撃をやめようと思って犬に戻るよう命じたとしても、犬による危険が迫っている以上、犬に対し石を投げつける行為は侵害に対する行為足りうる）。

問2について述べる。前述のように、正当防衛が侵害から権利を防衛するためのものである以上、侵害が終了した後の反撃行為は「侵害に対して」おこなったものとはいえない。行為者において侵害が継続していると誤信したときは、誤想防衛として故意を阻却することになり、さほど不当な結果とはならないので、あえて36条1項の類推をして正当防衛の成立を肯定する必要はない。また、気絶した侵害者を回復して攻撃して来ないように縛る等の行為は、35条により正当化される。

問3について述べる。36条2項は「防衛の程度を超えた行為」を要件としているだけであり、これを1項の「やむを得ずにした行為」にあたらない行為に限定する理由はない。そして、2項は、急迫不正の侵害に遭遇した者は、恐怖、狼狽などの精神的動揺により、侵害の内容やそれが継続しているか否か、あるいは、どの程度の反撃行為が適切なものかを判断することが困難であることから刑の減軽・免除を可能にしたものであり（責任減少説）、そこから、「防衛

2　山口・総論143頁参照。小林・理論と実務256～257頁は、第1反撃行為が傷害罪の、第2反撃行為が暴行罪の構成要件に該当し、第1反撃行為が正当防衛の要件を充たす場合、暴行罪の過剰防衛として解決する方法が「具体的な事務処理としては、最も妥当なものであることにそれほどの異論はない」とする。

の程度を超えた行為」とは、「防衛のために、侵害による精神的動揺の下でおこなった、正当防衛とならない行為」をいう、と解する。それには、防衛行為に相当性がない場合（質的過剰）のみならず、侵害終了後に反撃行為がなされた場合（量的過剰、あるいは、事後的過剰）も含まれる。このように解すれば、前述(2)のような一連の反撃行為と見て36条2項の適用を肯定する理論は不要となる。36条1項、2項が適用されるか否かは、第1反撃行為と第2反撃行為が一連の実行行為と考えられるか否かにかかわらず[3]、また、侵害が継続しているか否かにかかわらず、個別に評価されることになる[4]。

Ⅲ　私見の具体的展開

最決平成20年6月25日刑集62巻6号1859頁の事案をとりあげる。その概要は、「Xは、Aにいきなり素手で殴りかかられてフェンスに押しつけられて蹴られたりしたので、蹴り返したり素手でAの顔面を殴打したりした。すると、Aは、その場にあった円柱型アルミ製灰皿（直径19cm、高さ60cm）をXに向けて投げつけた。Xが同灰皿を投げつけた反動で体勢を崩したAの顔面を右手で殴打すると、Aは転倒して後頭部を路面に打ちつけて負傷し、仰向けに倒れたまま意識を失ったように動かなくなった（ここまでのXの暴行を「第1暴行」という）。Xは、憤激のあまり、仰向けに倒れたまま動かないAに対し、その状況を十分に認識しながら、『おれを甘く見ているな。おれに勝てるつもりでいるのか』などといって、腹部等を足蹴りにするなどの暴行を加え（このXの暴行を「第2暴行」という）、Aに肋骨骨折等の傷害を負わせた。Aは、第1暴行によって生じた傷害により、死亡した」というものである。同決定は、「第1暴行により転倒したAが被告人〔X〕に対し更なる侵害行為に出る可能性はなかったのであり、被告人は、そのことを認識した上で、専ら攻撃の意思に基づいて第2暴行に及んでいるのであるから、第2暴行が正当防衛の要件を充たさないことは明らかである。そして、両暴行は、時間的、場所的には連続しているものの、Aによる侵害の継続性及び防衛の意思の有無という点で明らかに

3　現代129〜131頁〔板倉宏〕参照。
4　佐伯・楽しみ方174頁参照。もとより、そこでも述べられているように、個別に分断して評価すべきものかは行為の態様等を考慮して判断されるべきものであり、右手と左手で連続して殴打したような場合に個別評価をすべきではない。

性質を異にし、被告人が前記発言をした上で抵抗不能の状態にあるＡに対して相当に激しい態様の第２暴行に及んでいることにもかんがみると、その間には断絶があるというべきであって、急迫不正の侵害に対して反撃を継続するうちに、その反撃が量的に過剰になったものとは認められない。そうすると、両暴行を全体的に考察して、１個の過剰防衛の成立を認めるのは相当でなく、正当防衛に当たる第１暴行については、罪に問うことはできないが、第２暴行については、正当防衛はもとより過剰防衛を論ずる余地もないのであ〔る〕」とした。

　私見によれば、同決定の結論は支持できる。第１暴行、第２暴行につき、それぞれ36条１項、２項の適用の可否を検討すると、第１暴行は傷害致死罪の構成要件に該当するものの、36条１項が適用され、不可罰となる。第２暴行は傷害罪の構成要件に該当する。36条１項が適用されるかは、第２暴行の時点で侵害が終了していると認められるかによるところ、Ａが仰向けに倒れたまま意識を失ったように動かなくなった時点でＸの権利が害される危険はなくなっており、侵害は終了したものと認められる。となると、それ以降の第２暴行に36条１項は適用されない。Ｘは、状況を十分に認識しながら第２暴行を加えているので、誤想防衛として故意が阻却される余地はない（傷害罪成立）。また、このようにして加えられた第２暴行は、防衛のために、侵害による精神的動揺の下でおこなった行為とは認められず、「防衛の程度を超えた行為」にあたらないので、36条２項は適用されない。

　最決平成21年２月24日刑集63巻２号１頁の事案をとりあげる。その概要は、「Ｘは、拘置所内の居室において、Ａが折り畳み机を押し倒してきたのに対し、同机を押し返して（第１暴行）Ａの中指を負傷させるとともにＡを転倒させた。さらに、Ｘは、転倒したＡの顔面を手拳で数回殴打した（第２暴行）」というものである。同決定は、本件傷害は違法性のない第１暴行によって生じたものであるから、第２暴行が防衛手段としての相当性の範囲を逸脱していたとしても、傷害罪が成立する余地はない旨の主張に対し、「しかしながら、前記事実関係の下では、被告人が被害者に対して加えた暴行は、急迫不正の侵害に対する一連一体のものであり、同一の防衛の意思に基づく１個の行為と認めることができるから、全体的に考察して１個の過剰防衛としての傷害罪の成立を認めるの

が相当であり、所論指摘の点は、有利な情状として考慮すれば足りるというべきである」とした。

　私見によれば、同決定の結論は支持できない。本事案では、転倒した後もＡによる攻撃の危険がなくなったとは認められず侵害は継続している。そして、第1暴行、第2暴行につき、それぞれ、36条1項、2項の適用の可否を検討すると、第1暴行は傷害罪の構成要件に該当するものの36条1項の適用により違法性が阻却され不可罰となる。第2暴行は暴行罪の構成要件に該当するものの、侵害が継続している状態でなされた、防衛手段として相当性のある行為と認められるので（第2暴行は、手拳によるものであり、特に傷害結果を発生させた事実も認められていない）、36条1項が適用され、やはり不可罰ということになる[5]。

5　仮に、第2暴行を質的過剰行為と認定するなら、暴行罪が成立し、36条2項が適用されることになろう。

第13章 故意と過失、そして錯誤

I　課題の設定

ここでの課題は、「故意と過失は、どこが同じでどこが異なるのか」(問1)及び「構成要件該当事実の錯誤、違法性阻却事由該当事実の錯誤は、故意にどのような影響を及ぼすのか」(問2)というものである[1]。

II　私見の提示

問1について述べる。

第4章で述べたように、実行行為に該当するか否かは、類型性評価、危険性評価によって判断する。これは、故意犯、過失犯に共通する判断枠組みである。殺人罪 (199条) と過失致死罪 (210条) について考えると、人を (わざと) 殺す行為の類型にあてはまり、人の生命を害する高度の危険性を有する行為が殺人罪の実行行為に該当し、人を (誤って) 死亡させる行為の類型にあてはまり、人を (わざと) 殺す行為が予定するほど高度ではないものの、人を (誤って) 死亡させる行為の予定している程度の危険性を有する行為が過失致死罪の実行行為に該当することになる。

故意犯、過失犯の主観的要素の内実については、客観的構成要件該当事実が現実的・具体的に存在し又は存在しうることを前提に、その客観的構成要件該当事実を、①認識・予見しつつ行為に出る意思が故意犯の主観的要素 (構成要件的故意) であり、②(故意犯ほどには) 認識・予見せずに行為に出る意思が過失犯の主観的要素 (構成要件的過失) である[2]、と考える。例えば、「X は、その運転する自動車を、車道を横断中の歩行者 A に衝突させて A を死亡させた」という場合、A を殺害するためわざと自動車を衝突させたときは、殺人罪の客観的構成要件該当事実が存在し又は存在しうることを認識・予見しつつ自動車

1　Next 総論 133 ～ 172 頁参照。

2　「認識は有無のどちらかではなく、その範囲・程度には無限の差異がありうる」(団藤・総論 341 頁) のであって、実際の心理状態には、「およそ事故が起きるとは思っていなかった」、「事故が起きるとうすうす思っていた」などさまざまなものがある。認識ある過失の概念が承認されていることからも、過失を認識・予見のない場合に限定することはできない。

を走行させる意思が認められ、これを考慮しつつ類型性評価、危険性評価をおこなえば、自動車を走行させる行為は殺人罪の実行行為に該当することになる。これに対して、車道を横断する者が出現しうる状況下で速度を落とすとか前方を注視するとかいった結果回避行為をしないまま自動車を走行させてAに衝突させたときは、過失運転致死罪の客観的構成要件該当事実が存在し又は存在しうることを認識・予見せずに自動車を走行させる意思が認められ[3]、これを考慮しつつ類型性評価、危険性評価をおこなえば、自動車を走行させる行為は過失運転致死罪の実行行為に該当することになる。なお、Xが速度を落とし前方を注視するといった結果回避行為をおこなっているときは、「自動車の運転上必要な注意を怠り」にはあたらないから、この点につき過失運転致死罪の客観的構成要件該当事実が存在しないことになる。したがって、Xが「このように注意しつつ運転していても歩行者に衝突して死傷させるかも知れないがそれは仕方がない」と思っていたとしても、自動車を走行させる行為は過失運転致死罪の実行行為に該当しない。結果回避行為をおこなっていることにより客観的構成要件に該当しない以上、予見可能性が事実上認められても過失犯は成立しえないのである[4]。

問2について述べる。

構成要件該当事実の錯誤により、現実的・具体的に存在し又は存在しうる客観的構成要件該当事実を認識・予見しつつ行為に出る意思が認められない、ということになれば、類型性評価のレベルで、当該行為は当該故意犯の実行行為に該当しない、ということになる。例えば、「Xは、Aの犬を射殺しようと思って猟銃で狙撃した。狙いがはずれて弾丸はAに当たり、Aは死亡した」という場合（抽象的事実の方法の錯誤）、Xには「ここで射撃することにより、射撃の目標にしているその人（A）を死亡させる」という、現実的・具体的に存在し又は存在しうる殺人罪の客観的構成要件該当事実の認識・予見がないので、

3　仲道・再定位191頁は、「注意義務違反を志向する行為意思」、すなわち、結果回避義務に反することをおこなう行為意思が過失犯の行為意思であるとする。

4　過失は注意義務違反であり、（予見可能性を前提にした）予見義務違反に重点を置くのが旧過失論、結果回避義務違反に重点を置くのが新過失論である、ということがいわれる。ただ、結果回避義務を果たしたか否かは過失犯の客観的構成要件に該当するかの問題であり、主観的要素としての過失が認められるかの問題ではない。

主観的要素を考慮して類型性評価をおこなうと、Ｘの当該射撃行為は殺人罪の実行行為に該当しないことになる。「Ｘは、Ａを射殺しようと思って猟銃で狙撃した。狙いがはずれて弾丸はＢに当たり、Ｂは死亡した」という場合（具体的事実の方法の錯誤）も同様であって、Ｘには「ここで射撃することにより、射撃の目標にしている人（Ａ）とは別の所にいる人（Ｂ）を死亡させる」という事実の認識・予見がないので、類型性評価のレベルでＸの射撃行為はＢに対する関係では殺人罪の実行行為に該当しない（Ａに対する関係では殺人罪の実行行為に該当し実行の着手も認められるので、殺人未遂罪の構成要件該当性が肯定される）。従来の学説の中では具体的法定符合説を支持することになる。

　当該所為の構成要件該当性が肯定され、違法性阻却事由該当事実が存在せず違法性が阻却されないときでも、行為者において、違法性阻却事由該当事実が存在し又は存在しうると（誤って）認識・予見しているときは、38条1項本文の「罪を犯す意思がない行為」として故意（構成要件的故意と責任故意を区別する立場からは、責任故意）が阻却され、当該故意犯は成立しないことになる。例えば、「Ｘは、ＡとＢが小道具の模擬刀を用いて演劇の練習をしているのを目撃して、ＡにＢが斬殺されかけているものと誤信し、Ｂの生命・身体を守るために、傷害の意思をもってＡに石を投げつけ、Ａを負傷させた」という場合（稽古誤信事例）、Ｘの所為は傷害罪の構成要件に該当するものの、正当防衛に該当する事実が存在し又は存在しうると認識・予見して行為に出ているので、犯罪事実の認識・予見があるのに行為に出る意思、すなわち、「罪を犯す意思」が認められず、傷害罪は成立しない。

　稽古誤信事例で「注視すれば摸擬刀を用いた演劇の稽古であることがわかった」という場合は、過失傷害罪の成否が問題になる。ここで、「Ｘは、その人（Ａ）に傷害結果が生じることを認識・予見していたのであるから傷害罪の構成要件的故意があり、傷害罪の構成要件該当性が肯定される。それなのに、同一の所為が過失傷害罪の構成要件に該当するというのはおかしい」という疑問を提示しうる[5]。これについては、Ｘの所為は、「結果回避行為をせずに行為し、その行為により傷害結果を発生させた」という過失傷害罪の客観的構成要件に該当しているところ、Ｘには同罪の構成要件に該当する行為により結果が発生することの認識・予見はない、と考える。すなわち、Ｘには傷害罪の傷害結果

（わざと発生させた結果）の認識・予見はあっても過失傷害罪の傷害結果（誤って発生させた結果）の認識・予見はないから、Xの所為は、過失傷害罪の構成要件に該当しうる、ということになる[6]。

Ⅲ　私見の具体的展開

最判昭和53年7月28日刑集32巻5号1068頁の事案をとりあげる。その概要は、「Xは、パトロール中の巡査Aからけん銃を強取しようと決意してAを追尾し、人影が見えなくなったとき、Aを死亡させてもかまわないと思いつつ、建設用びょう打銃を改造した手製装薬銃でAの右肩付近を狙ってびょうを発射した。びょうは、Aの右側胸部を貫通した後、約30m離れた所を歩いていたBの腹部を貫通した。A、Bともに貫通銃創を負うに止まった」というものである。同判決は、「犯罪の故意があるとするには、罪となるべき事実の認識を必要とするものであるが、犯人が認識した罪となるべき事実と現実に発生した事実とが必ずしも具体的に一致することを要するものではなく、両者が法定の範囲内において一致することをもって足りるものと解すべきである〔…〕から、人を殺す意思のもとに殺害行為に出た以上、犯人の認識しなかった人に対してその結果が発生した場合にも、右の結果について殺人の故意があるというべきである。〔…〕被告人〔X〕のAに対する所為についてはもちろんのこと、Bに対する所為についても強盗殺人未遂罪が成立する」とした。

私見によれば、同判決の結論は支持できない。Xの所為は、Aに対する関

5　山口・総論211頁は、「故意犯の構成要件該当性及び構成要件的故意は実質的に過失犯の構成要件該当性及び構成要件的過失をそれぞれ含む」という理解によって問題を解決しようとする。仮に、認識・予見の程度を100〜0の数字で表し、49までは過失で50以上は故意であるとすると、50は49を含む、と概念的にはいえる。しかし、実際に50であると認定されたものを49であると認定することはできないであろう（適当な例ではないかも知れないけれど、50点が合格点の試験で50点をとった学生は合格者と認定するしかなく、50点をとっているのに、50点は49点を含むから不合格者である、と認定することはできない）。故意と過失とが別のものであって、前者が後者を含むわけではないことを前提にすると、本文のような解決が妥当であるように思う。

6　結果は、特定の犯罪の構成要件に該当する結果であるから、傷害罪の結果と過失傷害罪の結果とは、事実としては同じ傷であっても、異なると考えうる。他の例をあげると、一項強盗罪の結果は暴行・脅迫による相手方の意思に反する財物の占有移転であって、行為者の支配下への単なる移動ではない。したがって、強盗をしようと思って暴行・脅迫を加えたところ、相手方が任意に財物を渡した場合は、暴行・脅迫と財物の占有移転との間に因果関係があっても強盗未遂罪が成立するに止まる。

係では強盗殺人罪の実行行為に該当するものの、Bに対する関係では類型性評価のレベルで同罪の実行行為に該当するとはいえない。したがって、Bに対する所為について強盗殺人未遂罪は成立しない。

　最決昭和62年3月26日刑集41巻2号182頁の事案をとりあげる。その概要は、「X（男性、身長約180cm、体重約80kg、空手三段）は、路上で、酩酊したA（女性）とこれをなだめていたB（男性、身長約160cm、体重約60kg、格闘技の経験なし）とが揉み合ううちAがシャッターにぶつかって尻もちをつくのを目撃し、BがAに暴行を加えているものと誤解して、両者の間に割って入った上、両手を差し出してBの方に近づいたところ、Bが手を握って胸の前あたりに挙げたので、Bが殴りかかって来るものと誤信し、自己及びAの身体を防衛しようと考えて、とっさに回し蹴りをして左足をBの右顔面付近に当てて転倒させた。Bは、路面で頭を打って頭蓋骨骨折等の傷害を負い、同傷害により8日後に死亡した」というものである。同決定は、「本件回し蹴り行為は、被告人〔X〕が誤信したBによる急迫不正の侵害に対する防衛手段として相当性を逸脱していることが明らかであるとし、被告人の所為について傷害致死罪が成立し、いわゆる誤想過剰防衛に当たるとして刑法36条2項により刑を減軽した原判決は、正当である」とした。

　私見によれば、同決定の結論は支持できる。Xの頭部を狙った回し蹴りは、誤信した侵害に対する防衛手段として相当性を欠いている。したがって、Xは正当防衛に該当する事実を認識・予見していたとはいえず、38条1項本文の故意のない行為をしたとはいえない。したがって、傷害致死罪が成立する。Xの回し蹴りが防衛のために、侵害による精神的動揺の下でおこなった行為（第12章参照）にあたるかは微妙であるけれど、空手経験者といえども路上で殴りかかられれば多少の精神的動揺を免れないと考えるなら、36条2項を適用しても不当とはいえない。

第14章　共謀共同正犯

Ⅰ　課題の設定

ここでの課題は、「XとYが犯罪実行を共謀し、同犯罪をYのみが直接実行した場合、Xが共同正犯になることがあるか。あるとしたら、どのようなときか」というものである[1]。共同正犯は、「2人以上共同して犯罪を実行した者」(60条)であるから、これに該当しない限り共同正犯にはならない。「実行した」とは実行行為をおこなって結果を発生させたことである、と解すると、「実行行為をおこなっていないXが共同正犯となることはない」という答えが出る。ただ、これだけでは課題の十分な解答にはならない。「『直接実行』はしていなくても共同して実行行為をおこなったといえる場合があるのではないか」(問1)、「共同して実行行為をおこなったとはいえなくても『共同して犯罪を実行した』に該当するといえる場合があるのではないか」(問2)という問題を検討しなければならない[2]。

Ⅱ　私見の提示

「2人以上共同して犯罪を実行した者」の日常用語的語義は、共同して実行行為をおこなって結果を発生させた者、である。61条1項を併せ読んでも、正犯とは実行行為をおこなった者である、と解釈できる。したがって、共同して実行行為をおこなったといえない限り共同正犯にはならない。問2には「そのような場合はない」と答えることになる（この点で私見は共謀共同正犯否定説ということになる[3]）。ただし、実行行為は直接結果を発生させた行為に限られるわけではない。殺人罪であれば「人を（わざと）殺」す行為の類型にあてはまり、

1　Next 総論 201 ～ 203 頁〔上野幸彦〕、現代 145 頁以下〔板倉宏〕、参照。

2　「共謀共同正犯を肯定するか否定するか」といった二者択一的な課題設定では問題の解決にはならない。「判例は一貫して共謀共同正犯を肯定しており、学説も否定説から肯定説に移っている」という風に考えるのも単純に過ぎる。「共謀に参加した者でありさえすれば共同正犯になる」といった、いわば「純粋共謀共同正犯」は、学説はもとより判例も承認していない。

3　共謀共同正犯に関する他の学説への批判については、設楽裕文「組織犯罪と共同正犯」日本法学 76 巻 4 号 455 頁以下（2011 年）の 485 ～ 502 頁参照。

81

人の生命を断絶する高度の危険性がある行為であれば実行行為となる。例えば、「XとYがAのベッドに仕掛けたリモコン爆弾でAを殺害する計画を立て、Yは爆弾を仕掛けて屋外でスイッチを持ち、Xは屋内でAを監視して、Aがベッドに入った時、Xが『スイッチを押すのは今だ』とYに連絡し、これを受けたYがスイッチを押してAを殺害した」という場合は、XとYが「Aのベッドに爆弾を仕掛け、Aがベッドに入った時にスイッチを押し、爆弾を爆発させてAを殺す」という殺人罪の（一連の）実行行為を共同しておこなったと評価できる[4]。「XがAのベッドに爆弾を仕掛けてスイッチをYに渡し、Aがベッドに入ったのを確認したYがスイッチを押して爆発させた」という場合も、同様である。これに対して、「Xは、爆弾を用意し、操作方法等を教えて、Yに渡した。Yは、ベッドに爆弾を仕掛けて、Aがベッドに入った時に爆発させた」という場合は、実行行為はYのみがおこなっているのであるから、いかに結果発生に不可欠な道具や情報を提供したとしてもXは共同正犯にならない[5]。このように考えると、問1には「そのような場合がある」と答えることになる。「そのような場合」とは共同して実行行為をおこなった（各自が、相互利用・補充関係に立って、実行行為の一部をおこなった）、と評価できる場合である。具体的にどのような場合がそれにあたるかは、各犯罪に即して検討しなければならない。

Ⅲ　私見の具体的展開

最大判昭和33年5月28日刑集12巻8号18頁の事案（練馬事件）をとりあげる。その概要は、ごく単純化すると、「Xは、Aに暴行を加えることにつきYらと謀議し、その翌日、YはZらと謀議し、同日午後11時頃、Zらは現場

4　設楽裕文「共同正犯における『共同』について」日本法学69巻4号191頁以下（2004年）の204～210頁参照。

5　Xが他人の行為を利用して自ら爆弾を仕掛けたといえる場合、例えば、「爆弾を仕掛けたベッドをプレゼントと称してAに送り、事情を知らない業者らによって寝室に備え付けさせた」とか、「Yが爆弾を仕掛ける際、いちいち口頭で指示した」とかいった場合は、共同正犯となりうる。これに対して、仕掛ける行為の開始前に情報を与える場合は、それが懇切丁寧なものであったとか、必要不可欠な情報（例えば、爆弾をオンの状態にするための暗号）の提供であったとかいった場合でも、爆弾を仕掛ける行為と同視することはできない。〈爆弾を仕掛ける行為〉の中核部分は〈爆弾をベッドの中ないし下に入れる〉というものであり、それを専らYのみがおこなっている以上、Xは共同正犯にはならない。

に赴いてAに暴行を加えて死亡させた」というものである。X、Yが傷害致死罪の共同正犯になるかが問題になった。同判決は、「共謀共同正犯が成立するには、2人以上の者が、特定の犯罪を行うため、共同意思の下に一体となって互いに他人の行為を利用し、各自の意思を実行に移すことを内容とする謀議をなし、よって犯罪を実行した事実が認められなければならない。したがって右のような関係において共謀に参加した事実が認められる以上、直接実行行為に関与しない者でも、他人の行為をいわば自己の手段として犯罪を行ったという意味において、その間刑責の成立に差異を生ずると解すべき理由はない」などと述べて、共同正犯の成立を肯定した原判決を支持した。

　私見によれば、この結論は支持できない。Aに対する暴行を共同して実行しているのはZらであり、同暴行をX、Yが共同して実行したとはいえない。間接正犯としてX、Yが暴行を実行したと評価できる場合（例えば、X、Yが謀議して、XがZ_1の意思を強く抑圧して暴行を命じ、YがZ_2の意思を強く抑圧して暴行を命じ、Z_1とZ_2が現場に赴き共同して暴行を加えた場合）なら、X、Yを共同正犯（共同間接正犯）とする余地があるけれど、本件はそのような場合ではない。

　最決昭和57年7月16日刑集36巻6号695頁の事案をとりあげる。その概要は、「Xは、タイ国からの大麻密輸入を計画したYからその実行担当者になってほしい旨頼まれ、大麻を入手したい欲求にかられつつ、執行猶予中の身であることを理由にこれを断ったものの、知人のZ（Xより5、6歳下の青年で、Xがかねてからサーフィンに連れて行くなどして面倒を見ていた者）に対し事情を明かして協力を求め、Zを自己の身代わりとしてYに引き合わせるとともに、密輸入した大麻の一部をもらい受ける約束の下にその資金の一部（20万円）をYに提供した。Zは大麻密輸入を実行した」というものである。Xが大麻密輸入罪の共同正犯になるかが問題になった。同決定の法廷意見はこれを肯定し、団藤重光裁判官の意見は、Xは「Yとともに、本件犯行計画においてZを自分の思うように行動させてこれに実行をさせたものと認めることができる」などと述べて、Xは共同正犯の責任を免れないとした。

　私見によれば、この結論は支持できない。Xは、Zの意思を特に抑圧したりせず、ZをYに引き合わせ資金の一部を提供しただけであるから、大麻密輸入罪の実行行為をX自らがおこなったと評価することはできない。

第14章　共謀共同正犯　**83**

最決平成 15 年 5 月 1 日刑集 57 巻 5 号 507 頁の事案（スワット事件）をとりあげる。その概要は、「暴力団甲組には、けん銃等を装備して組長Ｘを専属で警護するボディガードが複数おり、『スワット』と呼ばれていた。Ｘは、自動車に乗車し、スワットらが乗車している車と隊列を組んで都内の道路上を移動した。その際、スワットらは、各自、実包の装塡されたけん銃 1 丁を携帯していた。スワットらはＸを警護するために同けん銃を携帯していたものであり、このことをＸは自分自身の経験等から概括的とはいえ未必的に認識していた。また、Ｘは、スワットらにけん銃を持たないように指示命令をすることができる地位・立場にいながら、そのような警護をむしろ当然のこととして受け入れ認容しており、このことはスワットらも承知していた」というものである。スワットらがけん銃を携帯したことは銃砲所持罪（銃砲刀剣類所持等取締法 3 条 1 項、31 条の 16 第 1 項 1 号）に該当するところ[6]、Ｘが同罪の共同正犯になるかが問題になった。同決定は、「被告人〔Ｘ〕は、スワットらに対してけん銃等を携行して警護するように直接指示を下さなくても、スワットらが自発的に被告人を警護するために本件けん銃等を所持していることを確定的に認識しながら、それを当然のこととして受け入れて認容していたものであり、そのことをスワットらも承知していたことは、前記〔…〕で述べたとおりである。なお、弁護人らが主張するように、被告人が幹部組員に対してけん銃を持つなという指示をしていた事実が仮にあったとしても、前記認定事実に徴すれば、それは自らがけん銃等の不法所持の罪に問われることのないように、自分が乗っている車の中など至近距離の範囲内で持つことを禁じていたにすぎないものとしか認められない。また、前記の事実関係によれば、被告人とスワットらとの間にけん銃等の所持につき黙示的に意思の連絡があったといえる。そして、スワットらは被告人の警護のために本件けん銃等を所持しながら終始被告人の近辺にいて被告人と行動を共にしていたものであり、彼らを指揮命令する権限を有する被告人の地位と彼らによって警護を受けるという被告人の立場を併せ考えれば、実質的には、正に被告人がスワットらに本件けん銃等を所持させていたと評し得る

6　実包を携帯した点は銃砲刀剣類所持等取締法 3 条の 3 違反の罪に該当するものの、同条の「所持」と 3 条 1 項の「所持」を別異に解する理由もないので、以下、後者の「所持」につき検討する。

のである」として、共同正犯の成立を肯定した。

　私見によれば、この結論は支持できない。銃砲所持罪の「所持」は、日常用語的語義から、自己の支配下におくことを意味する[7]。銃砲を自ら握持したり携帯したことは必要ではなく、助手に携帯させた場合でも「所持し」た、と評価できる。とすると、「スワットにけん銃を携帯させて所持した」として、Xは銃砲所持罪の正犯になる、と考えることもできる。しかし、問題は、各スワットのけん銃所持がXと共同してなされたといえるか、である。けん銃の調達や携帯は各スワットの判断によってなされた、ということであれば、各スワットはけん銃を携帯して所持したことにより単独正犯になり、Xは各スワットにけん銃を携帯させて所持したことにより単独正犯になる、といえる。「共同して」（60条）といえるためには相互利用・補充関係が必要である、という点から見れば、各スワットの犯罪実行は、Xの行為を利用したものとはいえず、「共同して」なされたものとはいえないのである[8]。

7　判例も、所持とは「自分の支配し得べき状態に置くこと」をいう、とする（最判昭和23年9月21日刑集2巻10号1213頁）。辻義之（監修）、大塚尚『注釈銃砲刀剣類所持等取締法』（立花書房、第2版、2015年）50頁参照。

8　小林・理論と実務637頁は、「本件ではスワットらがけん銃を携行して警護するからこそ被告人も判示のような行動をとる、という因果的影響が存在し、それは畢竟、共同性を基礎づけるもうひとつの要素である双方向的寄与が認められる、ということであろう」とする。しかし、私見からは、因果的影響を及ぼすだけでは、けん銃を「所持した」という実行行為の共同性を基礎づけることはできない、ということになる。

第 15 章　承継的共同正犯

I　課題の設定

　ここでの課題は、「X（先行者）が着手した実行行為が終了する前に Y（後行者）が共同加担した場合、どの範囲の実行行為及びそれにより発生した結果につき、Y は X と共同正犯となるか」というものである[1]。このような承継的共同正犯の問題に関する学説は、完全肯定説、完全否定説、中間説（限定肯定説、限定否定説）に大別することができる[2]。大阪高判昭和 62 年 7 月 10 日高刑集 40 巻 3 号 720 頁が、「いわゆる承継的共同正犯が成立するのは、後行者において、先行者の行為及びこれによって生じた結果を認識・認容するに止まらず、これを自己の犯罪遂行手段として積極的に利用する意思のもとに、実体法上の一罪（狭義の単純一罪に限らない。）を構成する先行者の犯罪に途中から共謀加担し、右行為等を現にそのような手段として利用した場合に限られると解するのが相当である」と述べたこともあって、限定肯定説はかなりの支持を得た。しかし、後述する最決平成 24 年 11 月 6 日刑集 66 巻 11 号 1281 頁はこのような考えとそぐわないもののように見え、判例・学説は混沌としている。明快な解釈を示す必要がある。

II　私見の提示

　60 条の「共同して犯罪を実行した者は」という文言から、同条は共同して実行した犯罪についてのみ共同正犯が成立するとしている、と解釈できる。共同する以前の犯罪については共同正犯とはならない。実質的にも、行為者は行為をおこなって結果を発生させたからこそ、その行為及びそれにより発生した結果について刑事責任を問われるのであって、自らおこなっていない行為及びそれによる結果について刑事責任を問われるいわれはない。課題への解答は、「Y が X と共同しておこなった実行行為とそれにより発生した結果の範囲で Y は X と共同正犯となる」というものになる。

1　Next 総論 205 ～ 206 頁〔上野幸彦〕、現代 167 頁以下〔淵脇千寿保〕、参照。
2　現代 175 ～ 176 頁〔淵脇千寿保〕参照。

Ⅲ　私見の具体的展開

　最決平成 24 年 11 月 6 日刑集 66 巻 11 号 1281 頁の事案をとりあげる。その
概要は、「X 及び Y（以下、「X ら」という）は、5 月 26 日午前 3 時頃、携帯電話
販売店に隣接する駐車場又はその付近において、A 及び B（以下、「A ら」という）
に対し、暴行を加え、その後、A らとともに車で別の駐車場（以下、「本件現場」
という）に向かった。Y は、同日午前 3 時 50 分頃、Z に対し、これから A を
連れて本件現場に行く旨を電話で伝えた。X らは、本件現場に到着した後、A
らに対し、さらに暴行を加えた。X らによる一連の暴行により、A らは負傷
した。Z は、同日午前 4 時過ぎ頃、本件現場に到着し、A らが X らから暴行
を受けて逃走や抵抗が困難であることを認識しつつ、X らと共謀の上、X らと
ともに、A らに対し、暴行を加えた。Z の共謀加担前後にわたる一連の暴行の
結果、B は、約 3 週間の安静加療を要する見込みの頭部外傷擦過打撲、顔面両
耳鼻部打撲擦過、両上肢・背部右肋骨・右肩甲部打撲擦過、両膝両下腿右足打
撲擦過、頚椎捻挫、腰椎捻挫の傷害を負い、A は、約 6 週間の安静加療を要
する見込みの右母指基節骨骨折、全身打撲、頭部切挫創、両膝挫創の傷害を負
った」というものである。同決定は、Z が共謀加担する前の X らの暴行によ
る傷害を含めて傷害罪の共同正犯の成立を認めた原判決には責任主義違反の違
法がある旨の所論に関し、本件の事実関係によれば「被告人〔Z〕は、X らが
共謀して A らに暴行を加えて傷害を負わせた後に、X らに共謀加担した上、
金属製はしごや角材を用いて、B の背中や足、A の頭、肩、背中や足を殴打し、
B の頭を蹴るなど更に強度の暴行を加えており、少なくとも、共謀加担後に暴
行を加えた上記部位については A らの傷害（したがって、第 1 審判決が認定した傷
害のうち B の顔面両耳鼻部打撲擦過と A の右母指基節骨骨折は除かれる。以下同じ。）を相
当程度重篤化させたものと認められる。この場合、被告人は、共謀加担前に X
らが既に生じさせていた傷害結果については、被告人の共謀及びそれに基づく
行為がこれと因果関係を有することはないから、傷害罪の共同正犯としての責
任を負うことはなく、共謀加担後の傷害を引き起こすに足りる暴行によって
A らの傷害の発生に寄与したことについてのみ、傷害罪の共同正犯としての
責任を負うと解するのが相当である」とし、Z は共謀加担前の X らの暴行に
よる傷害も含めて承継的共同正犯として責任を負うとする原判決の判断の基礎

にある、「被告人は、Xらの行為及びこれによって生じた結果を認識、認容し、さらに、これを制裁目的による暴行という自己の犯罪遂行の手段として一罪関係にある傷害に途中から共謀加担し、上記行為等を現にそのような手段として利用したものである」との認定は、「被告人において、AらがXらの暴行を受けて負傷し、逃亡や抵抗が困難になっている状態を利用して更に暴行に及んだ趣旨をいうものと解されるが、そのような事実があったとしても、それは、被告人が共謀加担後に更に暴行を行った動機ないし契機にすぎず、共謀加担前の傷害結果について刑事責任を問い得る理由とはいえないものであって、傷害罪の共同正犯の成立範囲に関する上記判断を左右するものではない」とした（同決定は、原判決に 60 条、204 条の解釈適用を誤った法令違反があるとしつつ、それが一罪における共同正犯の成立範囲に関するものに止まり、罪数や処断刑の範囲に影響を及ぼすものではないなどの理由で、上告は棄却した。なお、千葉勝見裁判官の補足意見がある[3]）。

　私見によれば、同決定がZは共謀加担後の暴行によってAらの傷害の発生に寄与したことについてのみ傷害罪の共同正犯としての責任を負うとした点は、支持できる。Zが共謀加担する前のXらの暴行、傷害は、ZがXらと共同実行したものとはいい難い。原判決の認定したように、ZがXらの行為とそれによる結果を認識、認容して、これを自己の犯罪遂行の手段として利用する意思のもとに実体法上の一罪を構成する傷害に共謀加担し、現にそのような手段として利用したとしても[4]、時間的に遡及して全体が共同実行になるわけでは

3　補足意見の最後には、「なお、このように考えると、いわゆる承継的共同正犯において後行者が共同正犯としての責任を負うかどうかについては、強盗、恐喝、詐欺等の罪責を負わせる場合には、共謀加担前の先行者の行為の効果を利用することによって犯罪の結果について因果性を持ち、犯罪が成立する場合があり得るので、承継的共同正犯の成立を認め得るであろうが、少なくとも傷害罪については、このような因果関係は認め難いので（法廷意見が指摘するように、先行者による暴行・傷害が、単に、後行者の暴行の動機や契機になることがあるに過ぎない。）承継的共同正犯を認め得る場合は、容易には想定し難いところである」と記されており、このことから、この決定は完全否定説をとったものではないと理解される。これに対し、小林・理論と実務 598 頁は、詐欺罪を例にとって、「先行者が欺罔により錯誤を惹起したのち、受交付のみに関わった後行者は詐欺の共犯とならない。したがって、傷害等と同様、詐欺罪の承継的共犯もまた否定すべきである」とする。詐欺罪は欺罔行為による錯誤に基づき財物を交付させる罪であり、財物の占有移転のみが可罰性を基礎づけるわけではないから、交付ないし財物の占有移転に因果性のある行為をしただけでは詐欺罪には問われない。このことからも、欺罔行為に関与していない者を詐欺罪の共同正犯として処罰することはできない、といえる。

第 15 章　承継的共同正犯　　**89**

ない。

　最決平成 29 年 12 月 11 日刑集 71 巻 10 号 535 頁の事案をとりあげる。その概要は、「X は、A が数字選択式宝くじであるロト 6 に必ず当選する特別抽選により当選金を受け取ることができると誤信しているのに乗じて A から現金をだましとろうと考え、3 月 16 日頃、A に電話で、B 会社の C を名乗って『A さんの 100 万円が間に合わなかったので立て替えて私が払いました』、『A さんじゃない人が送ったことが D 銀行にばれてしまい、今回の特別抽選はなくなりました。不正があったので D 銀行に私と A さんで違約金を払わないといけなくなりました。払わないと今度の抽選にも参加できないので、150 万円準備できますか』などと嘘をいって現金 150 万円の交付を要求した。その後、A は、嘘を見破り、警察官に相談して、いわゆる『だまされたふり作戦』を開始し、現金が入っていない箱を指定された大阪市内の空き部屋に向けて発送した。Y は、同月 24 日以降、だまされたふり作戦が開始されたことを認識せずに、X から報酬約束の下に荷物受領を依頼され、それが詐欺の被害金を受領する役割である可能性を認識しつつこれを引き受け、同月 25 日、同空き部屋で A の発送した荷物を受領した」というものである。同決定は、本件の事実関係によれば、「被告人〔Y〕は、本件詐欺につき、共犯者による本件欺罔行為がされた後、だまされたふり作戦が開始されたことを認識せずに、共犯者らと共謀の上、本件詐欺を完遂する上で本件欺罔行為と一体のものとして予定されていた本件受領行為に関与している。そうすると、だまされたふり作戦の開始いかんにかかわらず、被告人は、その加功前の本件欺罔行為の点も含めた本件詐欺につき、詐欺未遂罪の共同正犯としての責任を負うと解するのが相当である」とした。

　私見によれば、同決定の結論は支持できない。共同正犯として責任を負うのは、共同して犯罪を実行した限りにおいてであるところ、X による欺罔行為がおこなわれた後で共謀加担した Y が、それ以前の欺罔行為も含めた全体について詐欺罪の共同正犯となることはない[5]。

4　I で言及した、大阪高判昭和 62 年 7 月 10 日が示した基準である。

5　小林・理論と実務 600 頁は、この決定は、後行者の共謀加担以降の侵害経過のみをとりあげて、これに詐欺の共犯という罪名ないし罰条を適用すべく重ねられてきた理論的努力の「すべてをひっくり返し、『加功前の……欺罔行為の点も含め』て罪責を問うことを認めてしまった」と評する。確かに、問題とされるべきは、共謀加担以降の所為である。例

なお、だまされたふり作戦が開始され〈欺罔行為により財物が交付されて占有が害される危険〉がなくなっているのであるから、Ｙの受領行為には詐欺罪の実行行為としての危険性が認められないのではないか、という疑問も提示できる。欺罔行為者（Ｘ）の指示通り荷物が送られてきているのであるから、同荷物の受領行為には欺罔行為による財物の占有移転を完成させるものとなる可能性が認められ、危険性は否定できない、という考えもありうる。しかし、欺罔行為によらない財物交付であることが明らかな場合（例えば、Ｘから聞いていたのとは異なり、Ａが自ら空き部屋を訪問して、「あなたたち、詐欺をやってるんでしょう。でも可哀想だからあげるね」といって荷物を差し出したとか、「これはそこで買ってきたお菓子だから食べてね」といって菓子を差し出したとかいった場合）、財物を受領する行為に（欺罔行為による占有移転を完成させる）危険性は認め難いであろう。このような場合は、Ｘの所為は詐欺未遂罪として終了しているともいえる（第6章参照）。本件のように、Ａが嘘を見破り警察官の指示により、だまされたふり作戦として箱を発送した場合も、欺罔行為により財物が交付されて占有が害される危険はなくなっており、Ｘの所為は詐欺未遂罪として終了している、ということになる。Ａが嘘を見破ったことをＸは認識せず一般人も認識しえないから、具体的危険説的な発想により、実行行為としての危険性は継続している、と考えられないではないものの、実行行為により生じた切迫した危険は未遂犯における結果に相当するものであるから客観的に存否が判断されるべきである。Ｘの所為が詐欺未遂罪として終了している以上、その後にＹが関与しても共犯にはなりえない。

えば、特殊詐欺のケースについていえば、「受け子」として被害者の元に出向き現金を受領する者は、挙動による欺罔をして財物を交付させているので詐欺罪の罪責を負う、と考える方が無理は少ない。とはいえ、本件のように空き部屋で到着を待っている者については、欺罔行為を認定し難く、詐欺罪での処罰は困難であろう。かといって、この決定のように共謀加担以前の欺罔行為について詐欺罪の共同正犯になるとすることはできない。

第 15 章　承継的共同正犯　　**91**

第16章　離脱による共同正犯関係の解消

I　課題の設定

ここでの課題は、「共謀をして、それにより実行された犯罪につき他の共謀者と共同正犯となるべき立場になった者が、犯罪の実行から離脱する行為をおこなったことにより、共同正犯関係が解消され、その後、他の共謀者が実行した犯罪につき共同正犯として罪責を負うことがなくなることがあるか。あるとしたら、どのような場合か」というものである。共犯者中の一部の者が共犯関係から離れることを「共犯関係からの離脱」と呼び、「離脱行為によって、その後他の者のおこなった犯罪について共犯として罪責を負わなくなるか」が問題になる[1]。「共同正犯関係からの離脱」は、「共犯関係からの離脱」の一領域ということになる。この共同正犯関係からの離脱の問題につき、後述する最決平成元年6月26日刑集43巻6号567頁、最決平成21年6月30日刑集63巻5号475頁は、以後の犯行を防止する措置を講じることなく離脱しただけでは関係は解消されず、その後他の者が実行した犯罪について共同正犯として罪責を負うことになる旨判示している。しかし、最決平成元年6月26日の後の下級審の裁判例には、犯行防止措置を講じたとはいえなくとも、その後他の者が実行した犯罪につき共犯責任を負わないとしたものもあり、裁判実務の基準もいまだに明確とはいえない。そこで、明確な基準を設定する必要がある。

II　私見の提示

60条の文言から考えて、共同正犯となるのは共同して犯罪を実行したときであるから、離脱後に実行された犯罪が共同実行されたものといえないときには、共同正犯関係の解消があり、離脱者は共同正犯としての罪責を負わないことになる。具体的な要件を示すと、つぎのようなものになる。

共謀後、実行に着手する前に離脱した場合、共同正犯関係は解消される[2]。例えば、XとYが特定の犯罪の実行につき共謀し、同犯罪の実行に着手する

1　Next 総論 206 〜 208 頁〔上野幸彦〕、現代 179 頁以下〔板倉宏〕、参照。

前に X が離脱し、その後、Y が（X と相互利用・補充関係に立たずに、単独で）同犯罪を実行した場合、Y の同犯罪の実行は共謀に基づくものとはいえず、共同実行されたものとは評価できない。すなわち、離脱段階で共同正犯関係の解消が認められ、X は共同正犯にはならない[3]。ただし、X が発案者であるときは教唆犯の要件を充たしていることになるから、Y の犯罪実行の決意を翻えさせなければ、教唆犯になる。また、X が犯行の道具を Y に与えるなど従犯の要件を充たしているときは、道具を回収するなどの措置をとらないと、従犯になる。

実行に着手した後で離脱した場合、離脱後の行為が、①共謀の範囲外のものであったときは、共同正犯関係は認められず、②共謀の範囲内のものであったときは、犯行続行を阻止するなどして共謀及びそれによる共同実行の着手の影響を除去しなければ共同正犯関係の解消は認められない。例えば、「X と Y が A を公園内で素手で殴って負傷させる旨の共謀をし、共同して共謀の内容どおりの暴行を加えて A を負傷させた後、X が『うまくいったな。じゃあ、おれは帰る』といって立ち去り、その後、Y が『もう一発殴ってやろう』と思って A を殴り、A を死亡させた」という場合、共謀に基づく傷害罪の共同実行は終了しており（その意味では共同正犯関係の「解消」というより「終了」が認められ）、その後、Y が単独で暴行を加えて A を死亡させた点について、X は共同正犯にならない[4]。これに対し、「X と Y が A を公園内で素手で殴って負傷させた後、

2 　実行の着手の前後で区別することを因果性遮断説は疑問視する（佐伯・楽しみ方 391 頁、小林・理論と実務 572 頁、参照）。しかし、私見は、「共同して犯罪を実行した」といえなくなるかを基準とするので実行の着手の有無を重視することになる。また、（私見と異なり）判例は共謀共同正犯を容認するので、前掲の最決平成 21 年 6 月 30 日のように、必ずしも実行の着手の有無にこだわらないことになる。

3 　大阪地判平成 2 年 4 月 24 日判例タイムズ 764 号 264 頁は、「暴力団組員 X が、報復のための襲撃を実行する気をなくして他の組員 Y にけん銃等を預けて離脱し、その後、Y らが計画を練り直し襲撃を実行した」という事案について、X は Y らの実行（殺人未遂）に加担していないと見るべきである、とした。この事案は共謀後、実行に着手する前に離脱した場合にあたり、同判決の結論は私見によっても支持できる。

4 　最判平成 6 年 12 月 6 日刑集 48 巻 8 号 509 頁は、「X と Y ら 3 名が共同して、正当防衛行為として A に対する暴行に及び、侵害終了後、Y が加えた追撃により A が負傷した」という事案について、「侵害終了後の暴行については、侵害現在時における防衛行為としての暴行の共同意思から離脱したかどうかではなく、新たに共謀が成立したかどうかを検討すべきであ〔る〕」とした。この事案においては、侵害終了時に共謀関係の終了があったと認めうる。

抵抗不能になったAを空き家に連行して棍棒で殴打し傷を負わせる旨の共謀をし、公園内で素手の暴行を加えてAを負傷させた後、Xが『これで十分だと思うから、おれは帰る』といって立ち去り、その後、Yが空き家で共謀の内容どおりの暴行を加えてAを死亡させた」という場合、Yの空き家での暴行はXとの共謀に基づき共同実行されたものと評価できるから、Xは傷害致死罪の共同正犯になる。

Ⅲ 私見の具体的展開

最決平成元年6月26日刑集43巻6号567頁の事案をとりあげる。その概要は、「XとYは、Aの反抗的態度に憤慨してAをY宅に連行し、Y宅内でもAが反抗的な態度をとり続けたために激昂し、Aの身体に暴行を加える旨の共謀をし、竹刀・木刀でAを多数回殴打するなどの暴行を加えた。Xは、『おれ帰る』と言ってY宅を立ち去り、その後ほどなくして、Yは、Aの言動に再び激昂してAの顔を木刀で突くなどの暴行を加えた。Aは数時間後にY宅で死亡した。Aの死亡が、Xが立ち去る前に共同して加えた暴行によるものか、その後Yが加えた暴行によるものかは不明である」というものである。同決定は、「被告人〔X〕が帰った時点では、Yにおいてなお制裁を加えるおそれが消滅していなかったのに、被告人において格別これを防止する措置を講ずることなく、成り行きに任せて現場を立ち去ったに過ぎないのであるから、Yとの間の当初の共犯関係が右の時点で解消したということはできず、その後のXの暴行も右の共謀に基づくものと認めるのが相当である」とした。

私見によれば、同決定の結論は支持できる。XとYとは、Aが反抗的態度をとったことに対する制裁として継続的な暴行を加える旨の共謀をしているのであり、Xが立ち去った後のYの暴行も共同実行したものと評価できる。もっとも、共謀共同正犯否定説からすると、X立去り後のYの暴行は共同実行されたものとはいえないと考えられないでもない。しかし、共同して始められた継続的な暴行がX立去り後も続けられたと考えれば、これを共同実行されたものと評価することができよう。

名古屋高判平成14年8月29日高等裁判所刑事裁判速報集（平14）134頁（判例時報1831号158頁）の事案をとりあげる。その概要は、「Xは、Yらと、Aに制裁のための暴行を加え、あわよくば慰謝料名下に金員を支払わせる旨の共謀

をし、公園駐車場でYとともにAに殴打等の暴行を加えて負傷させた。共犯者Zがやり過ぎではないかと思い制止したことにより暴行は中止され、XはAをベンチに連れて行って『大丈夫か』などと問いかけた。Yは、Xが勝手に慰謝料の話を進めていると考えて腹を立て、Xに文句をいって口論となり、いきなりXを殴りつけて失神させた上、その場に放置したまま、他の共犯者と一緒にAを港の岸壁に連れて行き、同所でAに殴打等の暴行を加え、さらに逮捕監禁を実行して、負傷させた」というものである。同判決は、Yを中心として形成された共犯関係は「被告人〔X〕に対する暴行とその結果失神した被告人の放置というY自身の行動によって一方的に解消され〔た〕」とした（もっとも、207条によって解消後の傷害についても刑事責任を負うと考えられるので、事実誤認の主張は排斥した）。

　私見によれば、同判決の結論は支持できる。当初の共謀による暴行はZの制止により中止された時点で終了しており、Xの意思によるものではないにせよ、その後、Xを排除した上でYらによって実行された岸壁での暴行や逮捕監禁は、当初の共謀の範囲外のものであるといえる[5]。

　最決平成21年6月30日刑集63巻5号475頁の事案をとりあげる。その概要は、「R、S、T、U、V、W、X、Yは、R、SがA方の屋内に侵入し内部から入口の鍵を開けて侵入口を確保した上で全員が屋内に侵入して強盗に及ぶという住居侵入・強盗の共謀を遂げ、R、Sは、午前2時頃、A方の地下1階資材置場に侵入し、住居等につながるドアの施錠を外して他の共犯者らのための侵入口を確保した。見張役のWは、R、Sが強盗に着手する前に、現場付近に人が集まってきたのを見て犯行の発覚を恐れ、Rらに電話をかけて、『人が集まっている。早くやめて出てきた方がいい』といったところ、『もう少し待って』などといわれたので、『危ないから待てない。先に帰る』と一方的に伝えただけで電話を切り、付近に止めてあった自動車内で待機していたX、Yと話し合い、3人一緒に逃げることにして、Xが運転する自動車で現場付近から立

5　小林・理論と実務580〜581頁は、本件では岸壁での暴行も「同一性を保持した犯行の一展開形態」ととらえられるとして、本判決は「共犯関係の解消を安易に認めすぎているきらいがある」とする。しかし、Xが直接実行者として加わった公園駐車場での暴行とXを排除した岸壁での暴行とは質が異なる。両暴行に同一性はないと見るべきである。

ち去った。R、Sは、いったん被害者方を出て、Xら3名が立ち去ったことを知ったが、午前2時55分ころ、現場付近に残っていたT、U、Vと共にそのまま強盗を実行し、その際に加えた暴行によってA、Bを負傷させた」というものである。同決定は、「被告人〔X〕は、共犯者数名と住居に侵入して強盗に及ぶことを共謀したところ、共犯者の一部〔R、S〕が家人の在宅する住居に侵入した後、見張り役の共犯者〔W〕が既に住居内に侵入していた共犯者に電話で『犯行をやめた方がよい、先に帰る』などと一方的に伝えただけで、被告人において格別それ以後の犯行を防止する措置を講ずることなく待機していた場所から見張り役らと共に離脱したにすぎず、残された共犯者らがそのまま強盗に及んだものと認められる。そうすると、被告人が離脱したのは強盗行為に着手する前であり、たとえ被告人も見張り役の上記電話内容を認識した上で離脱し、残された共犯者らが被告人の離脱をその後知るに至ったという事実があったとしても、当初の共謀関係が解消したということはできず、その後の共犯者らの強盗も当初の共謀に基づいて行われたものと認めるのが相当である。これと同旨の判断に立ち、被告人が住居侵入のみならず強盗致傷についても共同正犯の責任を負うとした原判断は正当である」とした。

　私見によれば、同決定の結論は支持できない。確かに、Xは、A宅での住居侵入及び強盗につき共謀してはいるものの、強盗罪の実行に着手する前の段階で立ち去っており、その後の強盗行為はX（及びW、Y）を除いたRらによって共同実行されたものと評価できる。Xは、強盗致傷罪（ないし強盗傷人罪）については共同正犯にならない。

第 17 章　中立的行為による幇助

I　課題の設定

　ここでの課題は、「中立的行為（日常的で、外見上は犯罪とは見られないような行為）によって正犯（の実行）を助けた場合、どのようなときに従犯（幇助犯）の罪責を負うことになるか」というものである[1]。例えば、「刃物店の店長 X は、強盗に用いる包丁を買うために来店した Y に依頼されて包丁を売り、Y は、同包丁を用いて強盗を実行した」（包丁事例）、「パン店の店長 X は、強盗をするため A 宅に出向く途中の Y に依頼されてパンを売り、Y は、同パンで腹ごしらえをした後、A 宅で強盗を実行した」（パン事例）、「タクシー運転手 X は、強盗をするため A 宅に出向く Y に依頼されて、Y を A 宅付近まで車で送り、Y は、A 宅で強盗を実行した」（タクシー事例）、といった事例の X は強盗罪の従犯の罪責を負うか、という問題である。この問題の解決方法のひとつは、X が従犯の故意を有していたか否かで判断する、というものである。これによるなら、X において、Y が（X の援助を受けて）強盗を実行することを、認識・予見していたときは従犯になり、認識・予見していなかったときは従犯にならない、ということになる。ただ、「X の行為は、A 宅で魚料理を作るつもりでいる Y の依頼に応じておこなった、違法性の認められない行為と客観的には同じである。にもかかわらず、Y が強盗を実行するつもりでいることを認識・予見していれば同行為が強盗の幇助になる、というのは不合理ではないか」という疑問が生じる。そこで次に出てくる解決方法は、①客観面で強盗の幇助となることが明らかな場合に限定する、というものと、②主観面で強盗の幇助となることを確定的に認識・予見していた場合に限定する、というものである。包丁事例について見ると、従犯は、①によれば、「X は、『今から強盗に行く。脅迫に使える包丁を売ってくれ』といって来店した Y に包丁を売った」という場合に成立し、②によれば、「X は、前の晩に親友の Y から『A 宅に強盗に行くことにし

1　Next 総論 221 〜 222 頁〔上野幸彦〕、現代 197 頁以下〔上野幸彦〕、参照。

た。練りに練った計画だ。ただ、包丁が必要なので、明日、君の店に素知らぬ顔をして買いに行くから、君も素知らぬ顔で売ってくれ』といわれ、翌日、いったとおり来店したYに包丁を売った」という場合に成立することになる。①②に対しては、「なぜ、『客観的に明らかな場合』や『確定的に認識・予見していた場合』に限定するのか。Xが刃物店で包丁を売った場合もY宅で秘かに包丁を売った場合と同様に、従犯の故意が認められるか否かの事実認定の問題として対応すればよいのではないか」といった批判を加えうる。だが、ウイニー事件に関する最決平成23年12月19日刑集65巻9号1380頁は、「入手する者のうち例外的とはいえない範囲の者が本件Winnyを著作権侵害に利用する蓋然性が高いと認められ、被告人もこれを認識、認容しながら本件Winnyの公開、提供を行った」場合に著作権法違反の罪の従犯が成立する旨述べており、単純に従犯の故意の認定の問題としているわけではないように見える。そこで、前述の課題を検討する必要が生じる。

II　私見の提示

　従犯は、「正犯を幇助した」（62条1項）場合、成立する。60条、61条1項の文言から、正犯はある犯罪の実行行為を自らおこなった者である、と解する。そうすると、「正犯を幇助した」とは、ある犯罪の正犯による実行を幇助（その日常用語的語義は、手助け、援助）したことをいう、ということになる。包丁事例について述べるなら、「（A宅での）強盗罪のYによる実行を手助けする行為」が、同罪の幇助行為である。従犯の要件が修正された構成要件であること、従犯の処罰根拠が因果的に結果を発生させた点に求められることを考えて、このような幇助行為に該当するか否かは、第一に、主観的要素を考慮して、強盗の実行を（わざと）「幇助」する行為の類型にあてはまるか、第二に、正犯の強盗実行を促進して結果発生に至らせる危険性のあるものか、によって判断される、と解する。第一、第二の要件を充たせば、実行行為を直接手助けするものでなくても幇助行為に該当する。なお、第一の主観的要素（従犯の故意）の内実は、「幇助の要件に該当する事実を認識・予見しつつ行為に出る意思」といったものになる。前述の各事例について検討すると、従犯の故意が認められない場合は、どの行為も強盗の実行を（わざと）「幇助」する行為の類型にあてはまらず、従犯は成立しない。また、パン事例の「パンを売る行為」やタクシー事例の「A

宅付近まで車で送る行為[2]」は、客観的に強盗罪の実行を手助けする行為、すなわち、同罪の幇助の要件に該当する事実にあたらないので、同類型にあてはまらず、幇助行為にはならない。これに対し、包丁事例の「包丁を売る行為」は、同類型にあてはまり、幇助行為としての危険性も認められるので、従犯が成立することになる。パンを売る行為は強盗幇助行為として典型的なものではないのに対し、包丁を売る行為は典型的なものであるから、類型性を有している、ともいえる[3]。

Ⅲ　私見の具体的展開

最決平成 23 年 12 月 19 日刑集 65 巻 9 号 1380 頁の事案（ウイニー事件）をとりあげる。その概要は、「X は、ファイル共有ソフトである Winny を開発し、その改良を繰り返しながら順次ウェブサイト上で公開し（X は、公開するにあたり、ウェブサイト上に『これらのソフトにより違法なファイルをやりとりしないようお願いします』などの注意書を記していた）、インターネットを通じて不特定多数の者に提供していた。Y、Z は、それぞれ、これを利用して著作物であるゲームソフト等の情報をインターネット利用者に対し自動送信しうる状態にして、著作権者の有する公衆送信権（著作権法 23 条 1 項）を侵害する著作権法違反罪（同法 119 条 1 号）を実行した」というものである。第一審判決（京都地判平成 18 年 12 月 13 日判例タイムズ 1229 号 105 頁）は、Winny がそれ自体価値中立的な技術であることを認め、価値中立的な技術を提供すること一般が犯罪行為となりかねないような、無限定な従犯の成立範囲の拡大は妥当でないとしつつ、そのような技術を実際に外部に提供する場合、外部への提供行為自体が幇助行為として違法性を有するかどうかは、「その技術の社会における現実の利用状況やそれに対する認識、さらに提供する際の主観的態様如何による」として、① Winny を含む

2　ただし、「Y の知人である X は、Y から『どこか強盗をやるのによい金を持っている家はないか』とたずねられて、『A 宅には金がある。おれが車で連れて行ってやるよ』といって Y を A 宅付近まで送った」という場合、X の行為は強盗幇助の類型にあてはまる。

3　当該犯罪の道具として用いられることが通常ない物を売ることは当該犯罪の幇助行為の類型にあてはまらない。強盗を実行しようとしている者に、パン、弁当、帽子、靴といった物を交付する行為は、特段の事情がない限り、幇助行為とはならない。もっとも、銃器、包丁といった暴行・脅迫に使える物に限らず、顔を隠すための目出し帽、A 宅に忍び込むための足音のしない靴、合鍵、見張りと連絡をとるための携帯電話などを交付する行為は幇助行為足りうる。

ファイル共有ソフトが著作権を侵害しても安全なソフトとして取りざたされていたこと、②Xがそのような現実の利用状況等を認識していたこと、③Xがそのような態様でWinnyが利用されることを認容しながら、これをウェブサイト上に公開して不特定多数の者が入手できるようにし、これによってY、Zが各実行行為に及んだことが認められるから、Xは従犯になるとした。原判決（大阪高判平成21年10月8日刑集65巻9号1639頁）は、「価値中立のソフトをインターネット上で提供することが、正犯の実行行為を容易ならしめたといえるためには、ソフトの提供者が不特定多数の者のうちには違法行為をする者が出る可能性・蓋然性があると認識し、認容しているだけでは足りず、それ以上に、ソフトを違法行為の用途のみに又はこれを主要な用途として使用させるようにインターネット上で勧めてソフトを提供する場合」に従犯が成立すると解すべきであるとして、Xは、著作権侵害の用途のみに又はこれを主要な用途として使用させるようにインターネット上で勧めてWinnyを提供していたとは認められないから、従犯にならず無罪であるとした。同決定の法廷意見は、「もっとも、Winnyは、1、2審判決が価値中立ソフトと称するように、適法な用途にも、著作権侵害という違法な用途にも利用できるソフトであり、これを著作権侵害に利用するか、その他の用途に利用するかは、あくまで個々の利用者の判断に委ねられている。また、被告人〔X〕がしたように、開発途上のソフトをインターネット上で不特定多数の者に対して無償で公開、提供し、利用者の意見を聴取しながら当該ソフトの開発を進めるという方法は、ソフトの開発方法として特異なものではなく、合理的なものと受け止められている。新たに開発されるソフトには社会的に幅広い評価があり得る一方で、その開発には迅速性が要求されることも考慮すれば、かかるソフトの開発行為に対する過度の萎縮効果を生じさせないためにも、単に他人の著作権侵害に利用される一般的可能性があり、それを提供者において認識、認容しつつ当該ソフトの公開、提供をし、それを用いて著作権侵害が行われたというだけで、直ちに著作権侵害の幇助行為に当たると解すべきではない。かかるソフトの提供行為について、幇助犯が成立するためには、一般的可能性を超える具体的な侵害利用状況が必要であり、また、そのことを提供者においても認識、認容していることを要するというべきである。すなわち、ソフトの提供者において、当該ソフトを利用して現に行

われようとしている具体的な著作権侵害を認識、認容しながら、その公開、提供を行い、実際に当該著作権侵害が行われた場合や、当該ソフトの性質、その客観的利用状況、提供方法などに照らし、同ソフトを入手する者のうち例外的とはいえない範囲の者が同ソフトを著作権侵害に利用する蓋然性が高いと認められる場合で、提供者もそのことを認識、認容しながら同ソフトの公開、提供を行い、実際にそれを用いて著作権侵害（正犯行為）が行われたときに限り、当該ソフトの公開、提供行為がそれらの著作権侵害の幇助行為に当たると解するのが相当である」と解し、Xにおいて「例外的とはいえない範囲の者がWinnyを著作権侵害に利用する蓋然性が高いことを認識、認容していたとまで認めるに足りる証拠はない」から、原判決は結論において正当である、とした。大谷剛彦裁判官の反対意見は、Xは蓋然性が高いことを認識、認容していたと認められ、従犯になるとするものである。

　私見によれば、同決定の法廷意見の結論は支持できる。Winnyの公開、提供は、主観的要素（従犯の故意）を考慮して判断すれば、著作権侵害行為を（わざと）「幇助」する行為の類型にあてはまる。換言すれば、客観的に同行為の類型にあてはまらないものではない。とすると、問題は、本件において従犯の故意、すなわち、「著作権侵害行為の幇助の要件に該当する事実を認識・予見しつつ行為に出る意思」が認められるか、である。同決定は、（反対意見も含めて）「例外的とはいえない範囲の者がWinnyを著作権侵害に利用する蓋然性が高いこと」を認識、認容していれば従犯の故意が認められるとしているように見えるけれど、本件のような場合に限ってそのような「蓋然性が高いこと」の認識、認容があれば従犯の故意が認められるとする理由はない。すなわち、法廷意見にある、「ソフトの提供者において、当該ソフトを利用して現に行われようとしている具体的な著作権侵害を認識、認容しながら、その公開、提供を行い、実際に当該著作権侵害が行われた場合」に従犯の成立は限定されるべきである。本件はこのような場合にあたらないので、従犯は成立しない。

第17章　中立的行為による幇助　**103**

第18章　胎児性傷害・致死

I　課題の設定

ここでの課題は、「Xが胎児に損傷を与え、そのために、生まれてきた人が損傷を負った状態になった（あるいは、その損傷により死亡した）場合、人に対する罪が成立するか」というものである[1]。学説には、人に傷害・死亡結果を発生させる行為をおこない、それにより人に同結果を発生させた以上、人に対する罪が成立するというもの（作用不問説）、侵害行為の作用が出生後の人に及んでいる場合に限り人に対する罪が成立するというもの（作用必要説）、胎児は母体の一部であるから母体に対する傷害になるとするもの（母体一部傷害説）、行為時に胎児である以上、人に対する罪は成立しないとするもの（否定説）などがある[2]。

II　私見の提示

行為が類型性評価、危険性評価により（人に対する罪である）当該犯罪の実行行為に該当し、結果との間に因果関係が認められれば、当該犯罪は成立する。したがって、人に対する罪の成否を判断する際には、「当該行為が当該人に対する罪の実行行為に該当するか」を判断し、これが肯定されたなら、同実行行為と結果との間の因果関係の存否を判断し、これも肯定されたなら、当該人に対する罪の構成要件該当性が肯定され、同罪が成立することになる。この意味で、私見は作用不問説ということになる。

例えば、「Xは、妊婦Aの胎内にいる胎児Bを殺害しようと思ってAに薬物を飲ませた。Bは薬物により損傷を負ったものの死亡することなく損傷を負った状態で出生した」という場合、Xの行為は類型性評価、危険性評価により不同意堕胎罪の実行行為に該当することになる[3]。そうなると、同行為とB

1　Next 各論 18 〜 19 頁〔清水洋雄〕参照。

2　法学刑法（4）5 頁参照。

3　胎児を母体内で殺害することは堕胎にあたる（前田・各論 55 頁等参照）。胎児の死亡は堕胎罪の一般的要件であるとする見解もある（林・各論 36 頁等参照）。

105

の損傷との間に因果関係が認められても、傷害罪は成立しえない。「胎児Ｂは妊婦Ａの身体の一部である」ことからすると傷害罪が問題になるように思えるけれども、自然的意味で胎児が母体の一部であっても、刑法は堕胎類型の所為は（傷害の罪とは別に）堕胎の罪として処罰するようにしているのであるから、堕胎の罪に該当する所為であれば傷害の罪の規定の適用はない。これに対して、「Ｘは、妊婦Ａの身体を傷害しようと思ってＡに薬物を飲ませた。胎児Ｂは薬物による損傷を負ったものの死亡することなく損傷を負った状態で出生した」という場合は、Ｘの所為は堕胎類型を逸脱しているから傷害の罪の規定が適用される。Ｘの行為はＡに対する傷害罪の実行行為に該当し、胎児Ｂの損傷はＡの身体の損傷と評価できるから、（ほかにＡの身体に傷害が生じていないとすると）胎児Ｂが損傷を負った時点でＡに対する傷害罪が完成する。問題は、「その後、Ｂが出生して〈人であるＢの身体が損傷を負った状態が現出したこと〉を〈Ｂの身体が傷害された〉と評価しうるか」である。Ｘの傷害罪の実行行為と〈人であるＢの身体が損傷を負った状態が現出したこと〉との間に因果関係が認められても、「Ｂにとっては、身体の生理的機能は既に損傷の生じた身体の生理的機能であって、これを新たに害さない限り、Ｂの身体を傷害したとはいえない」とも考えられる[4]。確かに、「既に損傷を負っている身体を（新たに）傷害する」という局面で考えれば、「身体を傷害した」といえるかは既に損傷の生じている身体の生理的機能が（新たに）害されたか否かによって判断されることになる。しかし、「胎児の身体が損傷を負う前に実行行為がおこなわれ、その実行行為によって胎児の身体に損傷が生じ、それによって出生後の人の身体が損傷を負った状態が現出した」という局面では、異なった考えをすることが可能である。このようなときは、Ｘは、Ａに対する傷害罪の実行行為をおこなってＢの身体に（Ｘの実行行為がなかったら存在しない）損傷を現出させているのであるから、〈人であるＢの身体が損傷を負った状態を現出さ

4　百選Ⅱ9頁〔小林憲太郎〕は、「人は健康であろうが病気であろうがまさにそのような生理的状態において保護される」のであり、生まれつき病変のある人にも「別に傷害結果が発生しているというわけではない」のであって、「しかも、そのことはかかる病変の症状が悪化する性質のものであったとしてもなんら変わるところはない〔…〕。そして、そのような生理的状態の人が健康な人より早く亡くなったとしても、それを死亡結果と評価することはできない」とする。

せたこと〉を〈Bの身体を傷害した〉と評価してよいと思う[5]。「Xは、人の身体に害のある薬物が入った飲み物を過失によりAの家へ送った。事情を知らない妊婦Aは飲み物を飲み、これにより胎児Bは薬物による損傷を負ったものの死亡することなく損傷を負った状態で出生した」という場合も同様に考えられよう[6]。この場合、「A以外の者が薬物によって身体を害される可能性はなかった」ということでもない限り、Xの行為はAら複数の人に対する過失傷害罪の実行行為に該当するといえる。同行為とA、Bの身体の傷害との間に因果関係が認められる以上、A、Bに対する過失傷害罪が成立することになる。

Ⅲ　私見の具体的展開

最決昭和63年2月29日刑集42巻2号314頁の事案（熊本水俣病事件）をとりあげる。その概要は、「Xは、業務上必要な注意を怠って、塩化メチル水銀を含有する排水を排出した。妊婦Aがメチル水銀に汚染された魚介類を摂食したことによりAの胎内にいたBの脳の形成に異常が生じ、出生したBは12歳9か月にして水俣病に起因する栄養失調、脱水症により死亡した」というものである。Bが死亡したことにつき業務上過失致死罪が成立するかが問題になった。

第一審判決（熊本地判昭和54年3月22日刑月11巻3号168頁）は、胎児性水俣病は母体の胎盤から移行したメチル水銀化合物が形成中の胎児の脳等に蓄積して病変を生じさせ、これによる障害が出生後にも及ぶものであるから、胎児の脳等に病変を生じさせた段階においては客体である「人」はいまだ存在していないといわざるをえないものの、元来、胎児には「人」の機能の萌芽があって、それが出生の際、「人」の完全な機能となるよう順調に発育する能力があり、通常の妊娠期間経過後、「人」としての機能を完全に備え、分娩により母体外に出るものであるから、胎児に対し侵害行為を加え、「人」の機能の萌芽に障

5　このように考えると、Xは、Aの身体を傷害しようとしてA、Bの身体を傷害したことになるから、方法の錯誤の問題になるように思える。ただ、Xが、出生後人となりうる胎児に損傷が生じることを認識・予見している場合は、故意は阻却されない、と思う。

6　作用不問説に対しては、誤って胎児を損傷し死亡させた場合は過失堕胎として不可罰なのに、死亡させるに至らず損傷を負った状態で出生すると過失傷害罪として（死亡すれば過失致死罪として）処罰されることになり、不合理である、という批判がある。しかし、胎児の段階で死亡した場合と出生した人に損傷が生じた場合とでは評価が異なるように思う（法学刑法（3）7頁参照）。

害を生じさせた場合には、出生後「人」となってからこれに対し業務上過失致死罪の構成要件的結果である致死の結果を発生させる危険性が十分に存在することになり、このように「人に対する致死の結果が発生する危険性が存在する場合には、実行行為の際に客体である『人』が現存していなければならないわけではなく、人に対する致死の結果が発生した時点で客体である『人』が存在するのであるから、これをもって足りると解すべきである」として、業務上過失致死罪の成立を肯定した。

第二審判決（福岡高判昭和57年9月6日高刑集35巻2号85頁）は、「原説示のほか一言付加するに、被告人〔X〕らの本件業務上過失排水行為は、被害者〔B〕が胎生8か月となるまでに終わったものではなく、その侵害は発病可能な右時点を過ぎ、いわゆる一部露出の時点まで、継続的に母体を介して及んでいたものと認められる。そうすると、一部露出の時点まで包括的に加害が認められる限り、もはや人に対する過失傷害として欠くところがない」ので、同傷害に基づき死亡したBに対する業務上過失致死罪を是認することも可能である、として、控訴を棄却した。

最高裁決定は、「現行刑法上、胎児は堕胎の罪において独立の客体として特別に規定されている場合を除き、母体の一部を構成するものと取り扱われていると解されるから、業務上過失致死罪の成否を論ずるに当たっては、胎児に病変を発生させることは、人である母体の一部に対するものとして、人に病変を発生させることにほかならない。そして、胎児が出生し人となった後、右病変に起因して死亡するに至った場合は、結局、人に病変を発生させて人に死の結果をもたらしたことに帰するから、病変の発生時において客体が人であることを要するとの立場を採ると否とにかかわらず、同罪が成立するものと解するのが相当である」と述べて、上告を棄却した。

私見によれば、同決定の結論は支持できる。Xの行為は業務上過失致死罪の実行行為に該当し、同行為によりBに死亡結果が発生しているのであるから、同罪が成立することになる。同決定は、病変の発生時において客体が人であることを要するか否かといった問題への解答を避け、母体（A）の身体を傷害し、それにより被害者（B）が死亡しているのであるから同罪が成立する、としているけれど、AとBは別の人であり、Bが病変発生時に胎児であったことは

疑いようもない。となると、同決定は、実質的には、病変の発生時において客体が人であることを要しないとの立場をとったことになる。とするなら、「人に病変を発生させて人に死の結果をもたらしたことに帰する」といった、抽象的法定符合説を想起させるような記述は不要であった、と思う。例えば、「Xが過失によりAに向かって放った矢によりAが負傷し、驚いたBが助けを呼ぼうとして駆け出して転倒し負傷した」という場合であれば、Aに対する過失傷害罪のみならずBに対する同罪の成立が考えられないわけではないものの、この場合のBは既に「人」になっているのであって、本件のBと同様に考えることはできない。本件に近い事例としては、「Xが過失により妊婦Aに向かって放った矢がAの腹部に刺さって胎児Bが損傷を負い、同損傷のために出生後Bは死亡した」というものが考えられる。このような事例で業務上過失致死罪の成立を肯定するには、（少なくともこのような場合には）病変の発生時に客体が人であることを要しないとの立場をとらざるをえない、と思う。結局、私見のような作用不問説が明快であると考える。

第 19 章　殺人罪と自殺関与罪

I　課題の設定

ここでの課題は、「Xの働らきかけにより、Aが自らを殺害した場合、自殺関与罪ではなく殺人罪が成立することがあるか。あるとしたら、どのようなときか」というものである[1]。これについては、Aが自らを殺害する行為がAの自由な意思によるものか否かを判断し、①自由な意思によるものであるときは「自殺」であって、Xは殺人罪には問われず、②自由な意思によるものでないときは「自殺」ではなく、Xは、自殺関与罪には問われないものの、殺人罪の間接正犯にあたるとき（Xの働きかけ行為が殺人罪の実行行為に該当するとき）は殺人罪に問われる、と考えられてきた[2]。しかし、自由な意思により自らを殺害する行為が「自殺」である、といっただけでは「自殺」の範囲を容易に確定することはできない。毒薬を栄養剤だと偽られて渡された者がこれを飲んで死亡した場合は「自殺」にあたらないことや、何不自由なく暮らしており健康状態にも問題のない文化人が哲学的理由から毒薬を飲んで死亡した場合が「自殺」にあたることは、明白であるとしても、両者の間に想定しうる、さまざまな場合のどれが「自殺」でどれが「自殺」ではないのか、につき明確な判断基準を定立することは困難である。また、「自殺」にあたれば、働きかけ行為が殺人罪の実行行為に相当するものであってもおよそ殺人罪、殺人未遂罪に問われる余地がない、といえるのかも疑問である[3]。このようなことから、殺人罪と自殺関与罪の区別について、なお考察を加える必要がある。

1　Next 各論 18 〜 19 頁〔清水洋雄〕、法学刑法（4）5 〜 7 頁、参照。

2　百選 II 4 〜 5 頁〔佐伯仁志〕参照。

3　例えば、「Aが哲学的理由から自殺しようと考えて海に飛び込むのに適当な場所を探しつつ断崖上を歩いていたとき、Xが現れてけん銃を向け『飛び降りないと射殺する』といった。Aは、『ありがたい。踏ん切りがついた』と思いつつ飛び込み、死亡した」という場合、Xの行為は殺人罪の実行行為に該当し、死亡結果との間の因果関係も認められるであろう。それでも殺人罪は成立せず、自殺関与罪が成立するに止まる、ということになるのであろうか。

Ⅱ 私見の提示

殺人罪（199条）は、他人を（わざと）殺す罪であり、自殺関与罪（202条前段）は、他人の自殺（自己の意思による自己の生命を断絶させる行為によって自己の生命を断絶させること）を教唆・幇助する罪である。そして、被害者に働きかける行為が類型性評価、危険性評価によって殺人罪の実行行為に該当するのであれば、直接的に生命を断絶する行為を被害者自身がおこない、その意味で被害者が自殺したように見えても、殺人罪の成立が肯定されてしかるべきである。被害者に働きかける行為が殺人罪の実行行為に該当しないということになれば、自殺関与罪の実行行為に該当するか否かを検討することになる[4]。

このように考えると、例えば、「栄養剤だと偽って毒薬をＡに渡し、飲ませ死亡させたとき」や「命綱に切込みを入れた上、安全だと偽って、Ａにバンジージャンプをさせ、死亡させたとき」はもとより、「『飛び降りないと撃ち殺す』とＡをけん銃で脅して崖から飛び降りさせ、死亡させたとき」や「『飛び降りないと撃ち殺す』とＡをけん銃に偽装したモデルガンで脅かして崖から飛び降りさせ、死亡させたとき」（事例1）も、Ａに働きかける行為は殺人罪の実行行為に該当し、同罪が成立する、ということになる。これに対し、「Ａに栄養剤を渡して飲ませた後、『今の薬は毒薬であり、君は毒のために3日間苦しんで死ぬことになる。苦しむのがいやなら今崖から飛び降りて死ぬんだな』といい、Ａが直ちに崖から飛び降りて死亡したとき」（事例2）は問題である。事例1では、〈直ちに飛び降りないと直ちに撃ち殺される〉という状況であっ

4　他人に（死結果の発生を予見しつつ）働きかけて死亡結果を発生させる所為につき、刑法は、殺人罪、自殺関与罪、同意殺人罪の類型に分けて処罰しているのであり、これらの罪の中でどの罪に該当するかは、どの罪の実行行為に該当するかによって判断することになる。ちなみに、同意殺人罪の行為は他人の嘱託を受けるか承諾を得て同人を（わざと）殺す行為であるから、「Ｘは、Ａが生命を放棄していることに気づかずＡを殺害した」という場合、Ｘの行為は、Ａの嘱託を受けたり承諾を得てなされたものではないので同意殺人罪の構成要件に該当せず、殺人罪の実行行為に該当し同罪が成立することになる（Ａが生命を放棄していたということは情状として評価されるに過ぎない）。林・各論26頁は、このような場合は不能犯と抽象的事実の錯誤が問題となり、殺人未遂罪に問われうるに過ぎない、とするものの、私見によればＸの行為は客観的に殺人罪の構成要件に該当する行為であり、Ｘはこれを認識・予見しているのであるから、殺人罪に問われることになる。もっとも、殺人罪の結果はＡの意思に反する死亡であり、かかる結果が発生していない以上、殺人未遂罪が成立するに止まるという考えもありうる。しかし、専らＸの意思によって発生した死亡をＡの意思に反しない死亡と認めることは難しいと思う。

て、Aに飛び降り行為以外の行為を選択する余地はない。これに対し、事例2
では、飛び降りるのではなく、救急車を呼んで医学的対応をしてもらうといっ
た行為を選択する余地がある。このことを考えると、事例2では、殺人罪では
なく欺罔による自殺教唆罪が成立する、ということになる。ただし、事例2の
ような場合でも、飛び降り行為以外の行為を選択する余地がない、と認められ
るときは、殺人罪の成立が肯定されうる。例えば、事例2のような行為が、X
とAしかいず、他との連絡がとれない孤島でおこなわれ、しかもXが毒物の
権威であってAにおいて毒の作用による肉体的苦痛が迫っているのが確実で
あると信じるのが無理もないと認められるときは、同行為は殺人罪の実行行為
に該当し、同罪が成立する、と思う。

Ⅲ　私見の具体的展開

　最判昭和33年11月21日刑集12巻15号3519頁の事案をとりあげる。その
概要は、「X（男性）は、交際相手のA（女性）に別れ話を持ちかけたところ、A
から心中したい旨申し出られ、一時はその気になったものの、すぐに気が変っ
て心中する気を失った。それでも、Xは、心中する気を失ったことをAに告
げず、毒薬を携帯してAとともに山中に赴き、Aにおいて追死してくれるも
のと信じているのを奇貨とし、追死するかのように装ってAに毒薬を渡して
嚥下させ、Aを死亡させた」というものである。同判決は、「〔所論は〕本件被
害者〔A〕は自己の死そのものにつき誤認はなく、それを認識承諾していたも
のであるが故に刑法上有効な承諾あるものというべく、本件被告人〔X〕の所
為を殺人罪に問擬した原判決は法律の解釈を誤った違法があると主張するので
あるが、本件被害者は被告人の欺罔の結果被告人の追死を予期して死を決意し
たものであり、その決意は真意に添わない重大な瑕疵ある意思であることが明
らかである。そしてこのように被告人に追死の意思がないに拘らず被害者を欺
罔し被告人の追死を誤信させて自殺させた被告人の所為は通常の殺人罪に該当
するものというべく、原判示は正当であって所論は理由がない」として、上告
を棄却した。

　私見によれば、同判決の結論は支持できない。心中の申出に応じ、追死する
かのように装って、毒薬を携帯して山中に赴き、Aに毒薬を渡す行為は、最
終的に毒薬を飲むか否かの判断がAの意思に委ねられている以上、類型性評

価、危険性評価により、殺人罪の実行行為に該当しない。換言するなら、毒薬を渡された時点で、A は毒薬を飲む行為しか選択する余地がない状況にはなく、「やっぱり心中は止めた」といって毒薬を投げ出す行為を選択する余地があるといえるのである。X は自殺関与罪に問われるに過ぎない[5]。

これに対し、第 7 章（間接正犯）で検討した、最決平成 16 年 1 月 20 日刑集 58 巻 1 号 1 頁の事案（その要点は、「X は、X に強要されて、海に飛び込んだ後、車から脱出して姿を隠す以外に助かる方法はないとの心境に至らせられていた A に対して、岸壁上から車ごと海中に飛び込むよう命じ、命令のとおりに飛び込ませた」というものである）においては、X は、X の強要により（死ぬ意思はないとはいえ）飛び込む気にはなっている A に対し、そのことを認識しつつ、飛び込むよう命じているのであるから、当該状況でこのように A に命じる行為は、類型性評価、危険性評価によって、殺人罪の実行行為に該当するといえる。したがって、殺人未遂罪の成立を肯定した同決定の結論は支持できる。第 7 章（注 4）で述べたように、この事案の X は、A が飛び込まなければ気絶させてから海中に転落させることも辞さない態度を示しており、A には飛び込む行為以外を選択する余地がなかったと認められるのである（これに対し、前掲の最判昭和 33 年 11 月 21 日の事案の X は、A が毒薬を飲まなければ無理やり飲ませることも辞さない態度を示してはいない）。

福岡高宮崎支判平成元年 3 月 24 日高刑集 42 巻 2 号 103 頁の事案をとりあげる。その概要は、「X は、A（女性）を自殺させようと考えて、A が出資法違反の罪を犯しており 3 か月か 4 か月刑務所に入ることになるなどと虚構の事実を告げ、不安と恐怖におののく A を警察の追及から逃がすという口実で連れ出して、17 日間にわたって諸所を連れ回したり、自宅や空き家に一人で住まわせたりし、その間、体力も気力も弱った A に警察に逮捕されれば身内の者にも迷惑がかかるなどと申し向けて、知り合いや親戚との接触を断ち、もはやどこにも逃げ隠れする場所がない状況であるとの錯誤に陥らせ、身内に迷惑がかかるのを避けるためには自殺するしかない旨述べて執拗に自殺を慫慂し、犯行

5 　X に追死の意思があった場合でも、X の罪責は自殺関与罪に止まる。これに対して、「A が毒を飲む決意をするについては X の追死が重要なものであった」ということから殺人罪の成立を肯定する考えをとると、X に追死の意思があり欺罔したとはいえない場合でも X は同意殺人罪に問われることになる。このような結論は妥当でない、と思う。

当日は、警察官がX方まで事情聴取に来たなどと告げて恐怖心をあおり、Xとしてももはや庇護してやることはできない旨告げて突き放した上、Aが最後の隠れ家として望みを託していた小屋がないことを確認させ、Aにおいて、他に逃れる方法はないと誤信させて自殺を決意させ、毒薬の嚥下により死亡させた」というものである。同判決は、「右の事実関係によれば、出資法違反の犯人として厳しい追及を受ける旨の被告人〔X〕の作出した虚構の事実に基づく欺罔威迫の結果、被害者A女は、警察に追われているとの錯誤に陥り、更に、被告人によって諸所を連れ回られて長期間の逃避行をしたあげく、その間に被告人から執拗な自殺慫慂を受けるなどして、更に状況認識についての錯誤を重ねたすえ、もはやどこにも逃れる場所はなく、現状から逃れるためには自殺する以外途はないと誤信して、死を決したものであり、同女が自己の客観的状況について正しい認識を持つことができたならば、およそ自殺の決意をする事情にあったもの〔と〕は認められないのであるから、その自殺の決意は真意に添わない重大な瑕疵のある意思であるというべきであって、それが同女の自由な意思に基づくものとは到底いえない。したがって、被害者を右のように誤信させて自殺させた被告人の本件所為は、単なる自殺教唆行為に過ぎないものということは到底できないのであって、被害者の行為を利用した殺人行為に該当するものである」として、殺人罪の成立を肯定した。

　私見によれば、同判決の結論は支持できる。Xの欺罔等により自ら毒薬を飲むしかないという心理的状態に陥っているAに毒薬を嚥下して死ぬよう慫慂する行為は、類型性評価、危険性評価によって、殺人罪の実行行為に該当するといえる。前掲の最決平成16年1月20日の事案のAと同様に、本事案のAもXの要求する行為以外を選択することができない状況にあり、そのような状況にある者に毒薬嚥下を要求することは、自殺関与罪ではなく殺人罪の実行行為に該当する、といえるのである。

第20章　傷害罪の「傷害」

Ⅰ　課題の設定

ここでの課題は、「傷害罪（204条）の『傷害』とは何をいうのか」というものである[1]。この課題は、「204条に規定する『人の身体』の『傷害』とは、どのようなものか」（問1）、「暴行によらずに発生させたものでも『傷害』にあたるか」（問2）、「程度の軽いものでも『傷害』にあたるか」（問3）、さらに、「204条の『傷害』と240条前段の負『傷』は程度において異なるか」（問4）、といった問いに分けることができる。問1に関する学説には、生理的機能障害説、身体完全性侵害説、折衷説（生理的機能を害するか、身体の外観に重要な変更を加えることが傷害であるとする説）があり、頭髪や髭を切断すること、昏睡させること、精神に障害を生じさせることなどが傷害罪になるかが問題になる。問2に関しては、飲み物に秘かに薬物や細菌を混入させて飲ませ傷害すること、脅迫など精神的ストレスを与える行為により傷害することなどが傷害罪になるかが問題になる。問3は、傷害罪としての処罰に値する程度の傷害とはどのようなものか、という問題である。暴行による傷害については、暴行罪としての処罰で足りる範囲はどこまでか、という問題にもなる。問4は、強盗致傷罪として重く処罰している240条前段の「傷」は傷害罪の「傷害」より重いものに限定されるか、という問題である。

Ⅱ　私見の提示

問1について検討する。「傷害」の日常用語的語義の中核は、「きず、けが」であり、切傷や裂傷が「傷害」にあたることは明らかである。これに加えて、皮膚に損傷がなくても、外部からの働きかけにより身体内で生じた、臓器・血流・神経などの異常を「傷害」に含めることは、日常用語の範囲内の解釈として許される。また、日常生活において、（医師によるかはともかくとして）医学的診断・治療がなされるものが「けが」や「病気」であると考えられていること

---

[1]　Next 各論22〜23頁〔清水洋雄〕、現代209頁以下〔野村和彦〕、法学刑法（4）12〜13頁、参照。

から、「傷害」は医学的対応による正常化ないし異常性の緩和が考えられるものに限定するべきである。こうしたことから、「人の身体」の「傷害」とは、「外部からの働きかけにより生じた、医学的対応が予定される、人の身体の生理的機能の障害」をいう、と解する。従来の学説の中では、生理的機能障害説を支持することになる。切傷や裂傷はもとより、医学的診断・治療が考えられる身体の異常で外部からの働きかけ（行為者の行為）により生じたものは、「傷害」にあたる。頭髪や髭の切断は、医学的診断・治療が考えられないので「傷害」にあたらない。これに対し、何らかの方法で上皮の下に色素を沈着させることは、痛み等がない場合でも、身体の特定部分が本来の色であるという生理的機能に障害を生じさせるものであり、医学的診断・治療が考えられるので「傷害」にあたる。昏睡させることは、通常とは異なった睡眠状態にするという点で生理的機能に障害を生じさせるものであり、医学的診断・治療が考えられるので「傷害」にあたる。もっとも、不眠症の者に適量の睡眠薬を与えて熟睡させることは、不眠という生理的機能障害を除去するものであるから、「傷害」にあたらない。また、精神的ストレスによる不眠や頭痛は「傷害」にあたる。204条のように「身体を」と明記していない条文（181条、221条、240条前段など）の「傷」についても同様のことがいえる[2]。

　問2について検討する。204条には「人の身体を傷害した」と書かれており、「暴行を加えて」といった、手段を限定する文言はない。また、傷害罪の実行行為を暴行に限定する合理的理由もない。したがって、人の身体を（わざと）傷害する行為であれば、暴行にあたらないものでも傷害罪の実行行為足りうる、と解する。秘かに薬物や細菌を混入した飲み物を飲ませたり、脅迫などにより精神的ストレスを与えたりして傷害結果を発生させれば、傷害罪に問われることになる。もっとも、傷害の意思をもってこのようなことをしたのに傷害結果が発生しなかった場合、「暴行」を加えたとはいえない以上、暴行罪は成立しない。例えば、「Xがキッチンで飲み物に下剤を混入してAの所に持って行こうとしたら、Aは『もう帰るよ』といって出て行ってしまった」という場合は、

2　林・各論48頁は、「傷害罪は『身体』に対する罪であって、精神に対する罪ではないから、単に『精神の健康』状態の不良変更や、生理的機能とはいいえない『精神的機能』の障害だけで本罪の成立を認めるべきではない」とする。

キッチンで飲み物に下剤を混入する行為をＡの身体に対する不法な有形力行使と見るのは無理であり、Ｘが暴行罪に問われることはない。また、「暴行にあたらない行為によっても傷害罪が成立しうる、ということになると、『ＸがＡを脅かしたところ、Ａが逃げようとして転倒し負傷した』という場合も傷害罪が成立することになり、傷害罪に脅迫罪の結果的加重犯が含まれる、ということになるのか」といった疑問も考えられないではない。これは、「Ａを脅かす行為」が傷害罪の実行行為に該当するのか脅迫罪の実行行為に該当するに過ぎないのか、という問題になる。例えば、「Ｘは、Ａを脅かしてやろうと思って、電話でＡに『今からお前の家に行って殴ってやる』といった。Ａは、逃げ出そうとして階段で転倒し骨折した」という場合は、Ｘの行為は脅迫罪の実行行為に過ぎないので、Ｘは（脅迫罪はともかくとして）傷害罪には問われない。これに対して、「Ｘは、Ａを不眠症にしてやろうと思って、連夜、多数回、Ａに電話して、『今度会ったらただではすまんぞ』などといった。Ａは著しい精神的不安感から不眠症になった」という場合は、Ｘの行為は、（暴行にはあたらないものの）不眠症という傷害を発生させる、類型性、危険性があるものとして傷害罪の実行行為に該当するので、Ｘは同罪に問われることになるのである。したがって、暴行を手段としない傷害罪を肯定しても、脅迫罪の結果的加重犯としての傷害罪を肯定することにはならない。

　問３について検討する。前述のように、傷害罪の「傷害」は、「外部からの働きかけにより生じた、医学的対応が予定される、人の身体の生理的機能の障害」であり、医学的対応がおよそ予定されないようなものは「傷害」にあたらない。例えば、腕を強く握られたために生じた握られた部分の赤色化は、特段の処置をしなくても短時間のうちに消失する程度のものであれば、「傷害」にあたらない。この程度の傷害的結果は暴行により通常発生するものであり、暴行罪で評価すれば足りる、とも考えられる。ただし、頭部を殴って脳震盪を起こさせたような場合は、意識を失った時間が短時間であっても、「傷害」にあたる、と解する。

　問４について検討する。204条の「傷害」と240条前段の「傷」はほぼ同一文言であるといってよく、両者に程度における差異を設ける理由はない。強盗犯人がその行為（暴行に限らない）によって傷害結果を発生させた場合に240条

前段により無期または6年以上の懲役に処されるのは、反抗を抑圧するに足りる暴行・脅迫を加えるという危険な行為をおこなって傷害結果を発生させたところに高度の違法性を認めうるからであり、発生した傷害が重いからではない。なお、昏睡強盗罪（239条）は、「昏睡させて」財物を奪う行為に236条1項の「暴行又は脅迫を用いて」財物を奪う行為に匹敵する違法性が認められることから設けられた罪であるから、「昏睡させ」る行為によって当然に生じる程度の「昏睡」は、専ら239条の罪の要件事実として評価されるため、240条前段の「傷」にはあたらないことになる、と解する。これに対して、236条1項の「暴行又は脅迫」により人を一時的にでも気絶させれば、240条前段の負「傷」をさせたものとして、強盗致傷罪ないし強盗傷人罪が成立する、と解する。

Ⅲ 私見の具体的展開

大判明治45年6月20日刑録18輯896頁の事案をとりあげる。その概要は、「Xは、剃刀を用いてA（女性）の頭髪を根元から切断した」というものである。同判決は、傷害罪は他人の身体に対する暴行により、その生活機能の毀損すなわち健康状態の不良変更を惹起することによって成立するものであるところ、毛髪の裁断・剃去は直ちに健康状態の不良変更を来すものではない、として傷害罪の成立を否定した。

私見によれば、同判決の結論は支持できる。毛髪切断状態は医学的対応が予定されないものであり、「傷害」にあたらない。

最決平成24年1月30日刑集66巻1号36頁の事案をとりあげる。その概要は、「Xは、睡眠薬や麻酔薬を秘かに混入した洋菓子をA、Bに提供して食させ、Aにおいて約6時間、Bにおいて約2時間にわたる、意識障害、筋弛緩作用を伴う急性薬物中毒の症状を生じさせた」というものである。同決定は、「所論は、昏酔強盗や女子の心神を喪失させることを手段とする準強姦において刑法239条や刑法178条2項が予定する程度の昏酔を生じさせたにとどまる場合には強盗致傷罪や強姦致傷罪の成立を認めるべきでないから、その程度の昏酔は刑法204条の傷害にも当たらないと解すべきであり、本件の各結果は傷害に当たらない旨主張する。しかしながら、上記事実関係によれば、被告人は、病院で勤務中ないし研究中であった被害者に対し、睡眠薬等を摂取させたことによって、約6時間又は約2時間にわたり意識障害及び筋弛緩作用を伴う急性薬物中毒の

症状を生じさせ、もって、被害者の健康状態を不良に変更し、その生活機能の障害を惹起したものであるから、いずれの事件についても傷害罪が成立すると解するのが相当である。所論指摘の昏酔強盗罪等と強盗致傷罪等との関係についての解釈が傷害罪の成否が問題となっている本件の帰すうに影響を及ぼすものではなく、所論のような理由により本件について傷害罪の成立が否定されることはないというべきである」とした。

　私見によれば、同決定の結論は支持できる。薬物を混入した洋菓子の提供は（暴行にはあたらないものの）傷害罪の実行行為に該当し、発生した急性薬物中毒は「傷害」にあたる。また、前述のように、昏酔強盗の実行により生じた昏酔が240条前段の「傷」にあたらないのは、「昏酔させ」た点が239条の罪の要件事実として評価されるからであって、このことから、薬物中毒による昏酔が204条の「傷害」にあたらないとすることには無理がある。

　最決平成24年7月24日刑集66巻8号709頁の事案をとりあげる。その概要は、「Xは、Aらに暴行・脅迫を加えて監禁し、外傷後ストレス障害（PTSD）を発生させた」というものである。同決定は、「一時的な精神的苦痛やストレスを感じたという程度にとどまらず、いわゆる再体験症状、回避・精神麻痺症状及び過覚醒症状と言った医学的な診断基準において求められている特徴的な精神症状が継続して発現していることなどから精神疾患の一種である外傷後ストレス障害」の発症が認められ、「上記認定のような精神的機能の障害を惹起した場合も刑法にいう傷害に当たるとするのが相当である」として、監禁致傷罪の成立を肯定した。

　私見によれば、同決定の結論は支持できる。Aらには過覚醒症状などが生じているのであり、身体の生理的機能の障害としての「傷」が発生していると認められる。したがって、Xは監禁致傷罪に問われることになる。

第20章　傷害罪の「傷害」　**121**

第 21 章　名誉の保護

Ⅰ　課題の設定

ここでの課題は、「名誉に対する罪が保護しているものは何か」というものである[1]。刑法第 34 章には、名誉に対する罪として、名誉毀損罪と侮辱罪が掲げられている。そして、通説は、名誉には、内部的名誉、外部的名誉（社会的名誉）、主観的名誉（名誉感情）があることを前提に、名誉毀損罪（230 条 1 項）と侮辱罪（231 条）はともに外部的名誉を保護するものであり、両罪の差異は「事実を摘示」したか否かによる、とする。これに対し、有力説は、名誉毀損罪は外部的名誉を保護するものであり、侮辱罪は名誉感情を保護するものである、とする。「法人や名誉感情を有しない者に対する侮辱罪は成立しうるか」という問いに対し、通説からは肯定的に、有力説からは否定的に、答えることになる。また、名誉毀損罪の保護対象である外部的名誉についても、これを社会的評価であるとするだけでは、その範囲はあいまいになり、悪人の名誉（悪名）や不当に高い名誉（虚名）が名誉として保護され、プライバシー侵害（例えば、盗撮した裸体映像の公表）まで名誉毀損罪の守備範囲に入ってくる可能性が出てくる[2]。「名誉」の内実を解釈により確定する必要がある[3]。

Ⅱ　私見の提示

230 条 1 項の「人の名誉」を日常用語的語義に従って解釈すると、「その人が世間ないし社会によって積極的かつ正当に評価されていること」というものになる。ここから、同項の名誉毀損罪の保護法益は、「人が世間ないし社会に

1　Next 各論 58 ～ 60 頁〔早乙女宜宏〕参照。

2　設楽裕文「刑法における名誉」日本法学 83 巻 4 号 1 頁以下（2018 年）の 14 ～ 20 頁参照。

3　例えば、佐伯仁志「名誉とプライヴァシーに対する罪」芝原邦爾ほか編『刑法理論の現代的展開—各論』（日本評論社、1996 年）76 頁は、名誉を「名誉権すなわち正当な社会的評価を受ける権利」として構成し、このような権利は、評価を受けるべき事柄については、虚偽の事実摘示によって、評価を受けるべきでない事柄（プライバシーに属する事実）については、その真否を問わず、その摘示によって、侵害されうる、としている。ただ、この見解によっても名誉の範囲が十分限定されているとはいえないように思えるし、プライバシーに属する事柄を摘示すると名誉権の侵害になるとする点は疑問に思う。

よって積極的かつ正当に評価されている事実」である、と解する。したがって、その人がある事柄について積極的に評価されていないときは、その事実を公表しても名誉毀損にはならない。例えば、「弁護士 A は、勝訴率が 5％程度であるということで知られている。X は、『A 弁護士の勝訴率は 5％である』という記事をウェブサイトに掲載した」という場合、「勝訴率 5％の弁護士であること」は積極的評価ではないので「名誉」にあたらず、230 条の 2 の証明を待つまでもなく名誉毀損罪は成立しないことになる。ある事柄について正当に評価されていないときも同様である。例えば、「殺し屋 A の狙撃の成功率は 95％であった。X は、『殺し屋 A の狙撃の成功率は 5％である』という記事をウェブサイトに掲載した」という場合、「狙撃の成功率 95％の殺し屋であること」は積極的評価ではあっても正当な評価ではない（裏社会における評価は正当なものではない）ので「名誉」にはあたらず、名誉毀損罪は成立しないことになる。

　このような考えに対する批判として、「230 条 1 項に『その事実の有無にかかわらず』という文言があることから考えて、虚名や悪名も『名誉』にあたると解するべきではないか」というものが考えられる。しかし、この文言は、手段として摘示した事実が実在するか否かにかかわらず、その事実摘示により「名誉」が毀損されたときには名誉毀損罪が成立しうる、ということを示しているに過ぎない。「名誉」にあたるものが存在しなければ、摘示した事実が実在するか否かに関わりなく、名誉毀損罪の構成要件には該当しない。例えば、「殺し屋 A の狙撃の成功率は 50％であった。それでも、裏社会では『狙撃の成功率 95％の優秀な殺し屋』ということで通っていた」という場合、X が A の狙撃の成功率は「50％である」と真実の事実を摘示しようと「5％である」と虚偽の事実を摘示しようと、もともと A の「狙撃の成功率 95％の優秀な殺し屋であると（裏社会で）評価されていること」は名誉とはいえないので、名誉毀損罪は成立しえないのである。

　また、「そのように考えると、特段、世間や社会から注目されていない〝普通の人〟には名誉は存在しないことになって、名誉毀損罪による保護範囲が不当に狭くなってしまうのではないか」という批判も考えられる。しかし、〝普通の人〟である、ということは、「特段、犯罪や違法行為をすることもなく社会内で不通に暮らしている人である」という積極的かつ正当な評価を受けてい

るということであって、“普通の人”にも名誉は存在する。したがって、このような“普通の人”について、例えば、「彼は、勤務先ではハラスメントを繰り返し、家庭内ではDVを繰り返している」といった記事をウェブサイトに掲載すれば、名誉毀損罪が成立することになる。

なお、「彼にはこのような身体障害がある」とか「彼の裸体は以下に掲載する写真のようなものである」といった記事・写真をウェブサイトに掲載した場合は、「身体障害がない人であるということ」、「裸体になっていないこと」が「名誉」であるとすることには無理があるので、名誉毀損罪の成立を肯定することはできない。しかし、つぎに述べるように、侮辱罪は成立しうる。

侮辱罪は、「公然と人を侮辱」する罪であり、名誉毀損罪とは罪質を異にする。「侮辱」の日常用語的語義が「相手を低く見て、恥ずかしい思いをさせること」であることを考えると、その保護の対象は「名誉」ではなく、「人の、人としての尊厳に関わる意識状態の平穏」であるということになる。このように解すると、まだそのような意識状態のない赤子を侮辱した場合、赤子を擁護する親の意識状態の平穏を害する危険を発生させたとして、（親を被害者とする）侮辱罪が成立しうることになる（なお、赤子に親族等がおよそいないときには侮辱罪は成立しないであろう）。これに対し、法人を侮辱した場合は、法人自体については「人としての尊厳に関わる意識状態の平穏」を考えることはできないから、法人を被害者とする侮辱罪は成立しない。ただ、侮辱の内容によっては、法人の関係者である自然人を侮辱したということで侮辱罪が成立することがありえよう。

前述した、身体障害の指摘や裸体画像の公開は、「侮辱」にあたりうる。「A弁護士の勝訴率は5％である」という記事の掲載も、状況によっては「侮辱」にあたりうる。

このような考えに対する批判として、「意識状態の平穏といった感情に類したものを刑法の保護対象にするべきではない」というものが考えられる。しかし、例えば、人に対し、「うるさいことをいうと殴るぞ」と申し向けることは、相手に恐怖感を生じさせた場合はもとより、恐怖感を生じさせられなかった場合でも脅迫罪として処罰されるし、個人の感情よりもさらに漠然とした「一般の宗教感情」を保護法益とする礼拝所不敬罪も存在する。侮辱罪の保護法益が

「人としての尊厳に関わる意識状態の平穏」であるとすることに問題はない。

　また、「悪質な侮辱行為を軽い法定刑の侮辱罪でしか処罰できないのは不当ではないか」とか、「密室内であればどのような侮辱行為をしても公然性が否定され侮辱罪が成立しないことになるのは不当ではないか」とかいった批判も考えられる。しかし、これは立法により解決すべき問題である。確かに、インターネット上で裸体写真・動画の類を公開することは悪質であるといえるけれど、特別法（例えば、私事性的画像記録の提供等による被害の防止に関する法律）によって対処すべきであり、名誉毀損罪の規定で対応すべきではない。名誉は法益としても生命、自由の下位にあるものであり[4]、利益衡量の観点からも、あえて拡張ないし類推解釈をして、プライバシー侵害や侮辱的言動に名誉毀損罪で対処すべき理由はない。

　課題の解答は、「名誉毀損罪の保護するものは、人が世間ないし社会によって積極的かつ正当に評価されている事実であり、侮辱罪の保護するものは、人の、人としての尊厳に関わる意識状態の平穏である」というものになる。

III　私見の具体的展開

　最決昭和 58 年 11 月 1 日刑集 37 巻 9 号 1341 頁の事案をとりあげる。その概要は、「X は、A 保険株式会社の顧問弁護士 B と知人の交通事故に関する交渉を続けていたものであるところ、A 社関係者や B に圧迫を加えようと考え、数名の者と共謀した上、『A 社は悪徳 B 弁護士と結託して被害者を弾圧している』などと書かれたビラ 12 枚をビル 1 階玄関の柱に貼りつけた」というものである。同決定の法廷意見は、「231 条にいう『人』には法人も含まれる」と解し、「原判決の是認する第一審判決が本件 A 株式会社を被害者とする侮辱罪の成立を認めたのは相当である」とした。中村治朗裁判官は、「名誉は、人と人との交渉過程から生れる人の人格に対する他者の評価の集積として客観的な存在を有し、かつ、かかるものとしてその人に帰属せしめられる価値たる性質をもつものであり、他方名誉感情は、このような事実の反映として人の心裡に生ずる情動ないし意識という主観的な存在であって、両者は一応それぞれ別個のものとしてとらえることができるものではあるが、一般的にみて、両者の間

4　小野清一郎『刑法に於ける名誉の保護』（有斐閣、増補版、1970 年）371 頁参照。

にはいわば楯の両面というに近い密接な関係があることに加えて、名誉感情は、人の人格と深いつながりをもつ感情ないし意識であるとはいえ、右に述べたように、客観的な存在である社会的評価の反映としていわば後者を前提として成立するという性格を多分に帯有するものであることを考えると、法が、社会的名誉と切り離して名誉感情というような主観的なものを独立の法益としてとらえ、専ら又は主としてこれを保護する目的で法的規制を施していると認めるためには、そう考えざるをえないような特段の強い理由が看取される場合であることが必要ではないかと思う。このような見地から刑法231条の侮辱罪に関する規定をみると、同条が、その直前の230条の規定する名誉毀損罪の場合と異なり、専ら又は主として社会的名誉と区別された名誉感情を保護の対象としていると解さなければならないような、特段の強い理由があるとは思えない。かえって右231条が、侮辱罪の成立要件として名誉毀損と同様に行為の公然性を要求し、事実の摘示の有無のみを両者の区別の要点とするにとどまっているところからみれば、むしろ侮辱罪も名誉毀損の場合と同じく人の社会的名誉を保護法益として眼中に置いているとみるのが妥当であるように思われる」ところ、現代社会においては法人等の団体の社会的評価に関する利益を保護法益としてとらえることは無意味ではない旨の補足意見を付し、団藤重光裁判官は、侮辱罪の保護法益は名誉感情であると解するので法人を被害者とする侮辱罪の成立は当然に否定される旨の意見を付し、谷口正孝裁判官は、侮辱罪の保護法益は名誉感情・名誉意識と理解されるので本件において法人を被害者とする侮辱罪は成立しないことになる旨の意見を付している。

　私見によれば、法廷意見、補足意見は支持できない。侮辱罪の保護法益は、「人としての尊厳に関わる意識状態の平穏」であり、法人にそのようなものは見出せない。したがって、A社を被害者とする侮辱罪は成立しえない。Xは、「悪徳弁護士と結託して被害者を弾圧している」という虚偽の事実を記入したビラを無断でビルの柱に貼りつけているのであるから、名誉毀損罪、偽計業務妨害罪、建造物侵入罪などによる処罰の可能性を検討すべきであろう。法定刑の軽い侮辱罪の成立を無理に肯定する理由はない。

第 22 章　財物と財産上の利益

Ⅰ　課題の設定

ここでの課題は、「財物罪の客体である財物、利益罪（利得罪）の客体である財産上の利益とは何をいうのか」というものである[1]。「財産的価値のある物」といい換えられる財物に関しては、「財産的価値があるというのはどういうことか」（問1）と「財物は、有体物に限られるか、管理可能なものなら有体物以外のものでもよいのか」（問2）という問いが立てられる。財産上の利益に関しては、「『財産上の』とはどういうことか」（問3）と「『利益』とはどのようなものをいうのか」（問4）という問いが立てられる。なお、民法的不法と財産罪の成否の問題については、第23章で検討する。

Ⅱ　私見の提示

財産的価値の日常用語的語義の中核は、経済的価値であり、ここから、「人間が生活して行くために役に立つものであること」が財産的価値の内実である、といえる。そして、生活して行くのに「役立つ」には、「そのものを使用することにより利益が得られる」という意味の「役立つ」と「そのものを他のものと交換することによって必要なものを取得できる」という意味の「役立つ」とがあり、前者を「使用価値」、後者を「交換価値」と呼ぶことができる[2]。以上から、「財産的価値」があるというのは、その物に使用価値又は交換価値があるということである、と解する（問1の解答）。なお、財産的価値は、刑法上保護するに値するものでなければならないけれど、保護に値する価値を有するか否かはそのもの自体について判断されるべきである。例えば、実弾の装填されたけん銃には、警察官が市民の安全維持のために携帯していようとテロリスト

1　Next 各論 80 ～ 82 頁、現代 249 頁以下〔淵脇千寿保〕、参照。

2　「使用」は、そのものを支配下においてそのものから直接利益を享受することを意味する。筆なら字や絵を描くことが、美術品なら鑑賞することが、他人に見られては困る書類なら見られないように保管しておくことが、通行の邪魔になる枝なら切り落とすことが、使用である。この「使用」には、所有の内容である物の使用・収益・処分（民法206条参照）が含まれる。

129

が市民を殺害するために携帯していようと、財産的価値が認められる。

　財物の「物」の日常用語的語義の中核は、物質であり、ここから、空間中に位置を占め形をもっているものであることが「物」の内実である、といえる。これに245条が「この章の罪については、電気は、財物とみなす」と、ある程度の物質性を有するといえる電気について規定していることを併せて考え、財物は有体物に限られる、と解する（問2の解答）。したがって、245条が準用されていない、横領の罪の「物」に電気は含まれず、"電気横領"は横領罪を構成しないことになる。また、有体物にあたらず物質性さえ有しない情報自体になると、およそ「財物」ないし「物」にはあたらないことになる。

　財産上の利益の「財産上の」は、その日常用語的語義を考慮して、前述の「財産的価値」と同様に、「使用価値又は交換価値が認められること」を意味する、と解する（問3の解答）。このように考えると、財産上の利益は、使用利益又は交換利益を意味する、ということになる。ただ、いわゆる二項犯罪の規定（236条2項、246条2項、249条2項）に「財産上不法の利益を得、又は他人に得させる」という文言のあることから、ここにおける「利益」とは、「具体的、直接的な使用利益・交換利益を取得者に得させる具体的・個別的なもの（かつ、財物にはあたらないもの）」をいう、と解する（問4の解答）。なお、財物と同様の具体性、個別性を要求すると、その「もの」を行為者又は第三者が取得すれば、従来、その「もの」を支配していた者がその「もの」から使用利益・交換利益を得ることができなくなることまで必要ということになる（移転性の要求）。しかし、財物罪においても移転性が厳格に要求されていないことを考えると（例えば、企業秘密の記載された書類を従業員が使用していない時間帯に持ち出してコピーをとり元の場所に戻したとしても、書類を客体とする窃盗罪が成立する）、利益罪の客体である「利益」の要件として移転性を強調するべきではない。

　また、「財産上の使用利益」には、積極的に財産を増やす方向での利益のほかに、消極的に財産を維持する方向での利益が含まれる[3]。100万円を支払っ

3　「利益」とは、それを享受する者の活動に役立つことをいうから、活動を推進するもののみならず、活動を現状のまま持続させ低下させないものも利益足りうる。ある生活を営んでいる個人にとって、金員を他人からもらえることと同様に、金員を他人に渡さないことも、生活の維持にとって「利益」となる。この"消極的利益"は使用利益に含めることができる。

てもらえる債権を取得することのみならず、100万円を支払わなければならない債務を免れることも、財産上の利益の取得になる。したがって、「Xは、Aを欺罔してAの有している債権（債務者B）をXに譲渡させた」という場合のみならず、「Xは、Aを欺罔してAの有している債権（債務者X）を放棄させた」という場合も、XはAを欺罔して財産上の利益を取得したということになり、二項詐欺罪が成立しうる。ただ、後の事例で、Aの有している（Xを債務者とする）債権がXにとって現実的不利益をもたらさないものであるときは、Xが欺罔により同債権を放棄させても、財産上の利益を取得したとはいえない。Xの債務が自然債務であるようなときはもとより、履行期まで相当な時間があり履行できる可能性が高いときは、履行を一時免れても財産上の利益を取得したことにはならない。逆に、債務が履行される可能性が全くないときは、当該債権を放棄させても財産上の利益を取得したとはいえない、ということになる[4]。

Ⅲ　私見の具体的展開

最判昭和30年4月8日刑集9巻4号827頁の事案をとりあげる。その概要は、「Xは、林檎500箱を3月24日頃までに貨車積として甲駅まで輸送し同駅においてAの指定した者に渡すという内容の売買契約をAと締結し代金を受領したにもかかわらず履行せずにいたため、再三履行を督促され、4月11日に、Aを乙駅に案内して、同駅でBにおいて林檎422箱の貨車積をさせ、これに甲駅行きの車標を挿入させて、林檎500箱を甲駅まで発送する手続きを完了したかのように装い、Aをその旨誤信させ、帰宅させた」というものである。同判決は、債権者が欺罔されなかったとすれば、「その督促、要求により、債務の全部又は一部の履行、あるいは、これに代りまたはこれを担保すべき何らかの具体的措置が、ぜひとも行われざるをえなかったであろうといえるような、

4　このような考えに対しては、「それでは破産者や無資力者が支払を免れても二項犯罪には問われないことになるのか」といった疑問が向けられるかも知れない。しかし、破産者や無資力者であっても、後に資力を回復したり第三者に援助してもらうなりして、ある程度債務を履行できる可能性はあるから、二項犯罪に問われることになる。さらに、「それでは、天涯孤独で余命数日の無資力者であったら、どうか」という疑問も考えられないではないものの、「履行される可能性が全くないのであれば、二項犯罪は成立しない」と解答するしかない。そのようなときは、債権放棄によって債権者があらためて財産的損失を被るわけでもないので、暴行・脅迫によって放棄させたときは、暴行罪、脅迫罪の成立を肯定すれば足りる。

特段の情況が存在したのに、債権者が、債務者によって欺罔されたため、右のような何らか具体的措置を伴う督促、要求を行うことをしなかったような場合にはじめて、債務者は一時的にせよ右のような結果を免れたものとして、財産上の利益を得たものということができるのである。ところが、本件の場合に、右のような特別の事情が存在したことは、第一審判決の何ら説示しないところであるし、記録に徴しても、そのような事情の存否につき、必要な審理が尽されているものとは、とうてい認めがたい」として、二項詐欺罪の成立を肯定した原判決を破棄した。

　私見によれば、この結論は支持できる。履行期は過ぎており、再三督促がなされているとはいえ、Aは担保の提供や差押えなどの措置に出る姿勢を見せていたわけでもなく、単に履行を促していたに過ぎない。したがって、Aの債権がXにもたらす現実的不利益はさほど高度のものにはなっていない。また、Aは債権を放棄したのではなく履行がなされたと安心してその場での督促を止めただけであるから、Xの得た利益も微々たるものである。このような場合、Xが欺罔により財産上の利益を取得したとして、二項詐欺罪の成立を肯定することはできない。

　最判昭和32年9月13日刑集11巻9号2263頁の事案をとりあげる。その概要は、「Xは、信仰関係の知人Aから、貸付金等の返済をするよう強く迫られて、『もうこれ以上だますと警察や信者にばらす』といわれ、貸借につき証書もなくAが死亡すればX以外詳細を知る者はいないことから、Aを殺害して返済を免れようと考え、Aを誘い出して殺害しようとしたものの、死亡させるにいたらなかった」というものである。同判決は、二項強盗殺人未遂罪の成立を肯定した。

　私見によれば、同判決の結論は支持できる。Aはこれ以上履行しないと警察に相談するなど事態を公にする意思を表明しており、Aの債権がXにもたらす現実的不利益は高度なものになっている。そして、XがAを殺害して取得しようとした「支払を全面的かつ永久的に免れる」という利益は、財産上の利益に相当する。したがって、二項強盗殺人未遂罪の成立を肯定することができる。

　東京高判平成21年11月16日判例時報2103号158頁の事案をとりあげる。

その概要は、「X は、A からキャッシュカードを窃取した直後、A に暴行・脅迫を加えて反抗を抑圧し、暗証番号を聞き出した」というものである。同判決は、「キャッシュカードを窃取した犯人が、被害者に暴行、脅迫を加え、その反抗を抑圧して、被害者から当該口座の暗証番号を聞き出した場合、犯人は、現金自動預払機（ATM）の操作により、キャッシュカードと暗証番号による機械的な本人確認手続を経るだけで、迅速かつ確実に、被害者の預貯金口座から預貯金の払戻しを受けることができるようになる。このようにキャッシュカードとその暗証番号を併せ持つ者は、あたかも正当な預貯金債権者のごとく、事実上当該預貯金を支配しているといっても過言ではなく、キャッシュカードとその暗証番号を併せ持つことは、それ自体財産上の利益とみるのが相当であって、キャッシュカードを窃取した犯人が被害者からその暗証番号を聞き出した場合には、犯人は、被害者の預貯金債権そのものを取得するわけではないものの、同キャッシュカードとその暗証番号を用いて、事実上、ATM を通して当該預貯金口座から預貯金の払戻しを受け得る地位という財産上の利益を得たものというべきである」として、二項強盗罪の成立を肯定した。

　私見によれば、同判決の結論は支持できない。暗証番号（の情報）は、「具体的、直接的な使用利益・交換利益を取得者に得させる具体的・個別的なもの」にはあたらず、その取得は財産上の利益の取得とはいえない。「キャッシュカードを所持している X にとっては ATM を操作し預貯金の払戻を受けるという使用利益を得させるものになるのではないか」という反論が考えられるけれど、それは暗証番号のみによって直接得られる利益ではなく、「具体的、直接的な使用利益」とはいえない。したがって、二項強盗罪の成立を肯定することはできない。

第 22 章　財物と財産上の利益　**133**

第23章　民法的不法と財産罪

Ⅰ　課題の設定

ここでの課題は、「民法的不法は、財産罪の成否にどのような影響を及ぼすか」というものである。これを、さらに限定し、「暴行・脅迫、欺罔、恐喝により、不法を理由に民法上無効となる法律行為による債務（不法債務）の履行を免れた場合、二項強盗罪、二項詐欺罪、二項恐喝罪は成立するか」（問1）、「財物の占有移転が不法原因給付となる場合、一項詐欺罪、一項恐喝罪は成立するか」（問2）、「不法目的で物を占有している者がその物を横領した場合、横領罪は成立するか」（問3）、「不法原因給付物は盗品関与罪の客体となるか」（問4）といった問いを立てて、検討する[1]。

Ⅱ　私見の提示

刑法解釈は民法解釈に従属しなければならない、とする理由はないから、ここでは、「民法解釈上どのように考えられているか」を考慮しつつ、刑法解釈として、どこまで財産罪の成立を肯定し、被害者の財産を保護すべきか、を考察しなければならない。その意味では、刑法解釈の独立性が保持されるべきである。ただ、問題なのは、刑法的観点からいかなる場合が保護に値するといえるか、である。そこでは、刑法においては事実的な財産の侵害が問題になること、事実上財産が侵害されているにもかかわらず財産罪の成立を否定するためには、事実的な財産が同罪の成立を妨げるほど保護に値しないものでなければならないこと[2]、を考慮して、基準設定がなされなければならない。

以上のような観点から、問1を検討する。不法を理由に民法上無効となる法律行為による債権（不法債権、例えば、売春契約による売春代金請求権）は、民法上

1　Next 各論83頁、115 ～ 116頁、122 ～ 123頁、135頁、参照。
2　財産といえるかは、事実上、使用価値又は交換価値が認められるか否かにより決定されるのであって、民法上の権利といえるか否かによって決定されるのではない（その意味で、法律的財産説はとりえない）。事実的な財産を侵害する行為は、民法上請求が認容されるか否かにかかわらず、刑法によって規制されてしかるべきであり、これは刑法の謙抑性に反するものではない。

135

無効であり、民事手続きによって履行を強制することができない。しかし、相手方が今後取引に応じてくれなくなると困るといった事情を考慮して任意に履行する可能性がある以上、民事法上履行を強制できないという理由で、刑法的観点から、直ちに保護に値しない、とすることはできない[3]。事実的な契約とそれによる債権が刑法上どのように評価されるか、それらは当該財産罪の成立を妨げるほど保護に値しないといえるか、を検討しなければならない。例えば、「X は、A と売春契約をし、サービスを受けた後、A を欺罔して料金支払を免れた」という場合、売春契約は民法上無効であるけれど、売春自体は売春防止法上犯罪とはされていず、売春をさせる業をした者でも、重くて 10 年の懲役及び 30 万円の罰金に処されるに過ぎない[4]。二項詐欺罪の法定刑が 10 年以下の懲役であることを考慮しても、同罪の成立を妨げるほど売春料金請求権が刑法上保護に値しない、とはいえない。したがって、欺罔により売春代金支払債務の履行を免れた X は同罪に問われることになる。「X は、A と覚せい剤売買契約をし、覚せい剤を受領した後、A を欺罔して代金支払を免れた」という場合も同様である。覚せい剤の営利目的譲渡をした者は、最も重くて 7 年以下の懲役及び 200 万円以下の罰金に処せられるに過ぎず[5]、二項詐欺罪の成立を妨げるほど覚せい剤代金請求権が刑法上保護に値しない、とはいえない。二項強盗罪、二項恐喝罪の場合でも同様である。問 1 の解答は、「原則として成立する」というものになる。

問 2 については、「当該財物の占有ないし所持が、一項詐欺罪、一項恐喝罪の成立を妨げるほど刑法上の保護に値しないものといえるか」という観点から検討すべきである。このような観点から検討すると、財物が現金その他、占有・所持が適法とされているものであれば、刑法上保護に値し、欺罔・恐喝による占有移転が不法原因給付となっても、一項詐欺罪、一項恐喝罪の成立は妨

3　林・各論 156 頁は、「一般に債権が財産と認められるのは、債務者に支払う意思と能力があるか、それがないときには民事裁判所でその債権を認めてもらい、強制執行によってその債権を実現できるから」であり、無効の「債権」を「債務者」自身が免れようとする場合、彼に支払う意思がないことは明らかで「『債権者』には事実上の利益すらもない」とする。しかし、「債務者」が任意に支払う可能性がある以上、「債権者」に利益はあると思う。

4　売春防止法 12 条参照。

5　覚せい剤取締法 41 条の 2 第 2 項参照。

げられない、といえる。財物が覚せい剤やけん銃であり、非合法に所持されているときも、覚せい剤の営利目的所持が重くて7年の懲役及び200万円の罰金に処せられるに過ぎず、けん銃の所持が重くて10年の懲役（実包等とともに携帯すると20年の懲役）であることを考慮しても[6]、一項詐欺罪、一項恐喝罪の成立を妨げるほど刑法上の保護に値しない、とはいえない。したがって、問2の解答も「原則として成立する」というものになる。もとより、覚せい剤を使用させないために詐取するような場合は、緊急避難や正当行為として正当化される余地がある。

　問3については、「占有の基礎にある委託関係が横領罪の成立を妨げるほど刑法上の保護に値しないものといえるか」という観点から検討すべきである。委託関係が保護に値するものなら、受託者（占有者）は委託者に無断で委託物を領得して財産的損害を被らせることは許されず、委託者の物に対する支配が保護されることになる。横領罪の法定刑は5年以下の懲役であり、強盗罪、詐欺罪、恐喝罪に比べれば軽い犯罪であるとはいえる。それでも、贈賄等に用いるために金員を委託した場合はもとより、売却するために覚せい剤を委託した場合でも、委託関係や委託物に対する委託者の支配が横領罪の成立を妨げるほど刑法上保護に値しないとはいえない、と思う。問3の解答も「原則として成立する」というものになる。

　問4については、「不法原因給付をした者の返還請求権（追求権）が盗品関与罪の成立を妨げるほど刑法上の保護に値しないものといえるか」という観点から検討すべきである。財物の移転が不法原因給付となっても一項詐欺罪、一項恐喝罪、あるいは横領罪の成立が肯定された場合は、被害者の財産は（各犯罪の成立を妨げない程度には）刑法上の保護に値する、と認められたのであるから、被害者の返還請求権も（盗品関与罪の成立を妨げない程度には）刑法上の保護に値する、といえる。また、警察への通報を免れるとか一定の対価を得るといったことから、盗品犯が任意に返還請求に応じることも考えられ、「事実上の請求権＝追求権」の存在は否定しえない[7]。問4の解答は「客体となる」というものになる。

6　覚せい剤取締法41条の2第2項、銃砲刀剣類所持等取締法31条の3、参照。

Ⅲ　私見の具体的展開

最決昭和 61 年 11 月 18 日刑集 40 巻 7 号 523 頁の事案をとりあげる。その概要は、「X は、A から Y が覚せい剤を受け取ってから X が A を射殺する旨 Y らと共謀し、Y が A からホテル内で覚せい剤を受け取って逃走した後、A の居室に行って A をけん銃で狙撃したものの、重傷を負わせるに止まった」というものである。同決定は、「被告人〔X〕による拳銃発射行為は、A を殺害して同人に対する本件覚せい剤の返還ないし買主が支払うべきものとされていたその代金の支払を免れるという財産上不法の利益を得るためになされたことが明らかであるから、右行為はいわゆる二項強盗による強盗殺人未遂に当たるというべきであ〔る〕」とした。

私見によれば、同決定の結論は支持できる。A の覚せい剤返還ないし代金支払についての事実上の債権は、二項強盗罪の成立を妨げるほど刑法上の保護に値しないものではない。X は、二項強盗殺人未遂罪の刑責を免れない。

名古屋高判昭和 30 年 12 月 13 日高刑裁特 2 巻 24 号 1276 頁の事案をとりあげる。その概要は、「X は、欺罔手段により、抱芸妓と遊興した代金 2500 円の支払を免れた」というものである。原審が支払を免れた遊興代金は売淫料であり、売淫契約は公序良俗に反する無効のものであって財産上不法の利益を得たとはいえないから二項詐欺罪を構成しないとしたのに対し、同判決は、「原審認定の契約が売淫を含み公序良俗に反し、民法第 90 条により無効のものであるとしても民事上契約が無効であるか否かということと刑事上の責任の有無とはその本質を異にするものであり何等関係を有するものでなく、詐欺罪の如く他人の財産権の侵害を本質とする犯罪が処罰されるのは単に被害者の財産権の保護のみにあるのではなく、斯る違法な手段による行為は社会秩序を乱す危険

7　さらに、256 条 1 項は盗品関与罪の客体を「盗品その他財産に対する罪に当たる行為によって領得された物」と規定しているところ、これにあてはまるのに、不法原因給付であるというだけで客体にならないとすると、本犯の行為が不法原因給付と関係のないものであった場合と比べてアンバランスになることも考慮しなければならない。例えば、「X がビールの代金として A から詐取した現金を Y が譲り受けた」という場合、Y が盗品関与罪になることに争いはない。これが「X が覚せい剤の代金として A から詐取した現金」であれば盗品関与罪にならないとすると、被害品が現金であることに変わりはないのに、本犯の欺罔の表現が異なるだけで盗品関与罪の成立が否定されることになる。これは妥当とは思えない。法学刑法（4）136 頁〔坂井愛〕参照。

があるからである。そして社会秩序を乱す点においては売淫契約の際行われた欺罔手段でも通常の取引における場合と何等異るところがない」として、二項詐欺罪の成立を肯定した。

私見によれば、同判決の結論は支持できる。売淫料支払についての事実上の債権は二項詐欺罪の成立を妨げるほど刑法上の保護に値しないものではない。Xは、二項詐欺罪の刑責を免れない。

最判昭和25年7月4日刑集4巻7号1168頁の事案をとりあげる。その概要は、「Xは、Aと統制法規に違反する綿糸の売買契約を締結し、古雑誌を現金の一部に見せかけてAを欺罔し綿糸の交付を受けた」というものである。同判決は、「欺罔手段によって相手方の財物に対する支配権を侵害した以上、たとい相手方の財物交付が不法の原因に基いたものであって民法上その返還又は損害賠償を請求することができない場合であっても詐欺罪の成立をさまたげるものではない」などと述べて、一項詐欺罪の成立を肯定した。

私見によれば、同判決の結論は支持できる。綿糸の占有は適法なものであり刑法上保護に値する。Xは、一項詐欺罪の刑責を免れない。

最判昭和23年6月5日刑集2巻7号641頁の事案をとりあげる。その概要は、「Xは、Aらから警察官を買収するための資金として現金2万2000円を受け取り保管中、内2万円をAらに無断でモルヒネ買入代金等として費消した」というものである。同判決は、「不法原因の為め給付をした者はその給付したものの返還を請求することができないことは民法第708条の規定するところであるが刑法第252条第1項の横領罪の目的物は単に犯人の占有する他人の物であることを要件としているのであって必ずしも物の給付者において民法上その返還を請求し得べきものであることを要件としていないのである」と述べて、横領罪の成立を肯定した原判決は正当である、とした。

私見によれば、この結論は支持できる。AらとXとの委託関係は贈賄のためのものではあるものの、横領罪の成立を妨げるほど刑法上の保護に値しないものではなく、Aの現金に対する支配も同様の意味で刑法上の保護に値しないものではない。Xは、横領罪の刑責を免れない。

第23章　民法的不法と財産罪　**139**

第 24 章　窃盗罪と不法領得の意思

I　課題の設定

　ここでの課題は、「不法領得の意思は窃盗罪の主観的構成要件要素として必要か。必要なら、同意思の内容はどのようなものになるか」というものである[1]。判例は、必要とし、同意思（以下、「本意思」という）の内容は「権利者を排除し、他人の物を自己の所有物としてその経済的用法に従いこれを利用し又は処分する意思」である、としている[2]。学説は、必要説と不要説に分かれ、必要説は、判例と同様に、排除意思と利用意思とが必要であるとするもの、排除意思のみ必要（使用窃盗の場合は窃盗にならないけれど、毀棄目的の場合は窃盗になる）とするもの、利用意思のみ必要（使用窃盗の場合は原則として窃盗になるけれど、毀棄目的の場合は窃盗にならない）とするもの、に分かれている[3]。

II　私見の提示

　235 条には「他人の財物を窃取した者は、窃盗の罪とし」と規定されている。「窃盗」の日常用語的語義は、「他人のものを、隙を狙って盗み取る」というものであり、「盗む」の日常用語的語義は、「他人のものを取って自分のものにする」というものである。ここから、窃盗は「他人のものを、すきをねらって取って自分のものにすること」であり、換言すれば、「他人の物をその意思に反して取り、自分のものにする＝領得すること」が窃盗であって、235 条はこのような窃盗を犯罪として規定したものである、ということになる。そうすると、窃盗の所為は、本来であれば、他人の財物をとってから自分のものにする（自分のものとして使用利益・交換利益を取得する）までであるけれど、235 条は「他人の財物を窃取した」までを構成要件とするような規定になっている。そこで、他人の財物をとる行為が窃盗罪の実行行為に該当するかについて類型性評価をおこなう際には、そのような行為をする意思（構成要件的故意）のほかに、領得

1　Next 各論 86 ～ 87 頁参照。
2　最判昭和 26 年 7 月 13 日刑集 5 巻 8 号 1437 頁など。
3　法学刑法（4）54 ～ 56 頁〔和田光史〕、西田・各論 170 ～ 171 頁、参照。

の意思という主観的要素を考慮しなければならなくなる。領得の意思は、構成要件的故意とは異なる、主観的超過要素になるのである。つまり、235条を「領得の目的で、他人の財物を窃取した者は」という規定のように解釈することになる。このようなことから、本意思は必要である、と解する。そして、「自分のものにする」とは、日常用語的語義から考えて、「他人を排除して、自己の支配下に置いた物から利益（使用利益・交換利益）を得ること」をいう、と解する。ただし、刑法が領得罪と毀棄罪とを区分して規定していることから、ここにおける利益にはその物を除去・損壊・隠匿することによって得られる利益は入らない（そのような利益を得る行為は専ら「毀棄及び隠匿の罪」として処罰される）、と解する。結局、本意思の内容としては、判例の述べるところを受容することができる。後は、具体的事案において本意思に相当する意思が認定できるか、という事実認定の問題になる。

　毀棄目的の場合について考えると、「Xは、Aの持っている壺を見て妬ましく思い、これをA宅庭の石に叩きつけて破壊しようと考え、Aの留守中にA宅客間の床の間から壺をA宅玄関まで持ち出した。そこで帰宅したAに見とがめられたので、Xは、壺を破壊するのを止めて、『ちょっと庭先で眺めてみたかったんだよ』と嘘をいってAに返した」という場合、本意思が認められないので、壺を玄関まで持ち出した行為は、類型性評価により、窃盗罪の実行行為に該当しないことになる。同行為は、いわば器物損壊の準備行為に該当するけれど、器物損壊等罪の予備はもとより未遂も処罰されない以上、不可罰と解するほかない。不要説はこれを不合理とするかも知れないけれど、刑法が窃盗（窃取による領得）と器物損壊（そこない、破壊すること）とを分けて犯罪として規定し、後者について予備を処罰していない以上、解釈論としては致し方がない[4]。

　使用窃盗の場合について考えると、「Xは、Aの壺をA宅の庭先で眺めてみたいと思い、Aに無断で庭先まで持ち出した」という場合は、Xは庭を含む

4　必要説は窃盗罪と器物損壊等罪の法定刑の差異をよく根拠としてあげる。しかし、仮に両罪の法定刑が同一であったとしても、どちらの罪の実行行為に該当するか判断する際に本意思を考慮しなければならないことには変わりがない。むしろ重要なのは、刑法が財物の占有・使用をできないようにする行為を窃盗罪と器物損壊等罪とに分けて規定していることである。

Ａ宅内で壺を若干移動させただけであるから客観的に占有侵害がなく「窃取」にあたらないので窃盗罪は成立しない。このような場合に窃盗罪の成立を否定するために本意思を持ち出す必要はない。これに対して、「Ｘは、Ａの壺をＡ宅の隣のＸ宅の床の間に置いて眺めてみたいと思い、Ａに無断でＸ宅まで持ち出した」という場合は、占有侵害は認められ、自宅の床の間に置いて眺める意思は、他人を排除して自分の支配下に置いた壺から使用利益を得る意思であって、本意思である、と認められる。これを考慮して類型性評価をおこない、さらに危険性評価をおこなえば、Ａ宅から壺を持ち出す行為は窃盗罪の実行行為に該当する、といえる。Ｘが30分後にはＡ宅に返すつもりでいたとしても、窃盗罪の成立（Ａ宅から持ち出した時点で既遂に達している）に影響を及ぼさない。

Ⅲ　私見の具体的展開

　最決昭和55年10月30日刑集34巻5号357頁の事案をとりあげる。その概要は、「Ｘは、12月28日午前零時頃、広島市内の給油所の駐車場に駐車してあったＡ所有の自動車を、Ａに無断で、同日午前5時30分頃までには元の場所に戻すつもりで乗り出し、市内を乗り回した後、同日午前4時10分頃、無免許運転のために検挙された」というものである。同決定は、「被告人〔Ｘ〕は、深夜、広島市内の給油所の駐車場から、他人所有の普通乗用自動車（時価約250万円相当）を、数時間にわたって完全に自己の支配下に置く意図のもとに、所有者に無断で乗り出し、その後4時間余りの間、同市内を乗り廻していたというのであるから、たとえ、使用後に、これを元の場所に戻しておくつもりであったとしても、被告人には右自動車に対する不正領得の意思があったというべきである」と述べて、窃盗罪の成立を肯定した。

　私見によれば、同決定の結論は支持できる。Ａに無断で、Ａの自動車を駐車場から乗り出して市内を走行させる意思は、他人を排除して自己の支配下に置いた自動車から使用利益を得る意思であって、本意思にあたる。本意思を考慮して類型性評価をおこない、さらに危険性評価をおこなえば、自動車を無断で駐車場から乗り出す行為は窃盗罪の実行行為に該当する。遅くとも駐車場から道路に出た段階で窃盗罪は既遂に達しており、その後、自動車を元の場所に戻しておく意思があったとしても、同罪の成立に影響を及ぼさない。

東京地判昭和 59 年 6 月 28 日刑月 16 巻 5 = 6 号 476 頁の事案をとりあげる。その概要は、「甲製薬会社の顧問である X は、国立予防衛生研究所内の抗生物質製剤室室長 A が保管している、抗生物質に関する資料が編綴されたファイルを入手してコピーしようと考えて、同室技官 Y に同ファイルの持出しを依頼し、Y は、午前 9 時 30 分頃、同ファイルを同研究所内で X に渡し、X は、これを甲製薬本社に持ち帰ってコピーをし、午後 4 時前後に同研究所で Y に同ファイルを返還した」というものである。同判決は、「本件ファイルの財物としての価値は、〔…〕情報が化体されているところにあるとともに、権利者以外の者の利用が排除されていることにより維持されているのであるから、複写という方法によりこの情報を他の媒体に転記・化体して、この媒体を手許に残すことは、〔…〕本件ファイルそのものを窃かに権利者と共有し、ひいては自己の所有物と同様の効果を挙げることができる。〔…〕本件窃盗は、〔…〕本件ファイルを複写して、これに化体された情報を自らのものとし、前示のような効果を狙う意図と目的のために持ち出したものであるから、これは正に被告人〔X〕らにおいて、権利者を排除し、本件ファイルを自己の所有物と同様にその経済的用法に従い利用又は処分する意思であったと認められる」として、窃盗罪の成立を肯定した。

私見によれば、同判決の決論は支持できる。資料を持ち出してコピーする意思は、他人を排除して自己の支配下に置いた資料から使用利益を得る意思であって、本意思にあたる。数時間後に資料を戻しておく意思があっても窃盗罪の成立は妨げられない。

最決平成 16 年 11 月 30 日刑集 58 巻 8 号 1005 頁の事案をとりあげる。その概要は、「X は、支払督促制度を利用して A の財産を不正に差し押さえようと考え、A に対して 6000 万円を超える額の債権を有する旨の内容虚偽の支払督促を裁判所に申し立て、裁判所から A 宛に送達されてくる支払督促正本等を A が受領したことにして廃棄し、A からの異議申立がなされないようにして支払督促の効力を確定させようと考え、共犯者 Y において、A であるかのように装って郵便配達員 B から同正本等を受領させ、これを Y から受け取って直ちに廃棄した」というものである。本件では B を被害者とする一項詐欺罪の成否が問題になったところ、同決定は、「他方、本件において、被告人〔X〕

は、前記のとおり、郵便配達員から正規の受送達者を装って債務者あての支払
督促正本等を受領することにより、送達が適式にされたものとして支払督促の
効力を生じさせ、債務者から督促異議申立ての機会を奪ったまま支払督促の効
力を確定させて、債務名義を取得して債務者の財産を差し押さえようとしたも
のであって、受領した支払督促正本等はそのまま廃棄する意図であった。この
ように、郵便配達員を欺いて交付を受けた支払督促正本等について、廃棄する
だけで外に何らかの用途に利用、処分する意思がなかった場合には、支払督促
正本等に対する不法領得の意思を認めることはできないというべきであり、こ
のことは、郵便配達員からの受領行為を財産的利得を得るための手段の一つと
して行ったときであっても異ならないと解するのが相当である。そうすると、
被告人に不法領得の意思が認められるとして詐欺罪の成立を認めた原判決は、
法令の解釈適用を誤ったものといわざるを得ない」と述べた（ただし、原判決を
破棄しなければ著しく正義に反するものとは認められない、として弁護人の上告を棄却し
た）。

　私見によれば、同決定の本意思に関する判断は支持できる。一項詐欺罪は、
日本において詐欺罪が窃盗罪と同種のものとして扱われてきたこと、246 条 1
項の改正前の文言は「人ヲ欺罔シテ財物ヲ騙取シタ」であって、窃盗罪の「窃
取」に対応する言葉として「騙取」（その日常用語的語義は、「だまし取ること」）が
用いられていたことから、詐欺罪は、人の財物をだましとって自分のものにす
る犯罪であり、窃盗罪と同様に本意思が認められなければ成立しない、と解す
る[5]。前述のように、支払督促正本等を廃棄することによって得られる利益は、
自己の支配下に置いた支払督促正本等から得られる利益に含まれない。した
がって、本意思は認められず、一項詐欺罪は成立しないことになる。

5　新律綱領では、「詐欺取材」は窃盗に準じるものとされていた。旧刑法から詐欺の罪は
　　窃盗の罪とは別の所に規定されるようになったものの、両者が同種のものと考えられてい
　　ることに変わりはない。詐欺罪規定の形成過程については、設楽裕文＝淵脇千寿保「詐欺
　　罪における法益侵害と財産的損害」*Law & Practice* 8 号 159 頁以下（2014 年）の 162 頁参
　　照。

第 25 章　詐欺罪と財産上の損害

I　課題の設定

　ここでの課題は、「財産上の損害は詐欺罪の要件か」というものである。246条には「財産上の損害」という文言はない。ここから、財産上の損害（以下、「財産的損害」という）は詐欺罪の要件ではない、と考えることもできる（財産的損害不要説）。これに対し、詐欺罪が財産罪である以上、財産的損害が発生しなければ詐欺罪は成立しない、と考えることもできる（財産的損害必要説）。財産的損害必要説の中で通説的地位を占めているのは形式的個別財産説であるものの、近年はこれと異なった考え（実質的個別財産説など）が有力になっている[1]。また、財産的損害の問題は詐欺罪の構造をどのように理解するかにも関わってくる。通説的公式によれば、詐欺罪は、相手方に欺罔行為により生じさせた錯誤に基づく処分行為をさせて財産を移転させる、という構造の犯罪であり、これを前提に、財産の占有喪失が財産的損害であるとすると、欺罔行為により生じさせられた錯誤がなければ（真実を知っていれば）処分行為をしなかった、といえるときは、常に詐欺罪が成立することになり、いわゆる未成年者事例（例えば、「未成年者 X が、年齢を偽って、成人でなければ売ってはならない雑誌を書店主 A から購入した」という事例）においても詐欺罪が成立する、ということになる。この結論を不合理と考え、欺罔行為のレベルで調整しようとする考えは、詐欺罪の構造の修正を図るものといえる[2]。

II　私見の提示

　通説的公式のような詐欺罪の構造の把握は、詐欺罪を窃盗罪と同様に考えることからなされる。しかし、246条1項の「人を欺いて財物を交付させた者は」という文言と235条の「他人の財物を窃取した者は」という文言とを比較しただけでも、（一項）詐欺罪と窃盗罪の相違は明白である。窃盗罪は、他人の財物

1　Next 各論 1071 ～ 108 頁、現代 275 頁以下〔淵脇千寿保〕、参照。
2　設楽裕文＝淵脇千寿保「詐欺罪における法益侵害と財産的損害」*Law & Practice* 8 号 159 頁以下（2014 年）の 173 ～ 174 頁参照。

147

を（他人の意思に反して）窃取して領得する罪である。詐欺罪は、他人を欺き財物を交付させて領得する罪である。換言するなら、詐欺罪は、他人に誤った財産処分をさせて、財産を領得するとともに、その誤った財産処分により他人に損失を与える罪である。他人の意思に反しない交付行為により財物の占有が移転しているにもかかわらず詐欺罪が窃盗罪と同等以上に厳しく処罰されるのは、単に財物を領得しただけではなく、他人に誤った財産処分をさせて、（他人の意図に反する）財産的損失を与えるからである。「本人に財産上の損害を加えたときは」という文言のある背任罪の規定が詐欺罪の規定の間に置かれているのは偶然ではない。詐欺罪は、窃盗罪と異なり、相手に誤った財産処分をさせて財産的損失を与える罪である[3]。この意味で、財産的損害は詐欺罪の要件である。したがって、詐欺罪の実行行為は〈欺罔により相手に誤った財産処分をさせて、当該財産を移転させて領得するとともに、相手に財産的損害を与える行為〉である、ということになる。このような行為であるか否かは、類型性評価、危険性評価により判断されることになる。

〈財産的損害を与える誤った財産処分〉について考えると、〈相手の意図した者に意図した量の財産的利益が与えられる財産処分〉は、これにあたらない、と思う。行為者を X、相手を A に置き換えて、未成年者事例について考えると、A は成人であると詐称する X に未成年者に売ることが禁じられている雑誌を交付して代金を受け取っているので、A の意図した通り、X に雑誌、A に正価の代金による財産的利益が与えられている、といえる。A は X が成人であるか否かについて錯誤に陥っている（そして、成人でないことを知れば雑誌を渡さなかったであろう、といえる）けれど、そのような錯誤は〈意図した者に意図した量の財産的利益が与えられる財産処分〉とは関係のない事項に関する錯誤であり、詐欺罪の実行行為を基礎づけるものではない。よって、未成年者事例に

3　ちなみに、ドイツ刑法 263 条 1 項は、「自己又は第三者に違法の財産的利益を得又は得させる意図をもって、事実を虚構し又は真実の事実を歪曲又は隠蔽して、錯誤を惹起し又は持続せしめ、よって他人の財産を害した者は、5 年以下の自由刑又は罰金に処する」となっており、財産的損害が詐欺罪の要件であることが明示されている。日本刑法 246 条とこれだけの差異がある理由については、設楽裕文「日本刑法 246 条（詐欺）の解釈について」永田誠＝フィリープ・クーニヒ編『ベルリン自由大学・日本大学共同シンポジウム　法律学的対話におけるドイツと日本』345 頁以下（信山社、2006 年）の 345 ～ 346 頁参照。

おいて詐欺罪は成立しない。「X は、偽造の処方箋を用いて、A から要処方箋薬を買った」という偽造処方箋事例でも同様である。また、「A は、甲大学の学生にしか雑誌を売らないようにしていた。甲大学の学生ではない X は、偽造した甲大学の学生証を示して雑誌を買った」という場合（事例1）も、買いに来たその人に雑誌、A に正価の代金による財産的利益が与えられているので、詐欺罪は成立しない。これに対して、「A は、資力があり支払能力のある人に古雑誌（鑑定評価額 500 万円）を売りたいと思っていた。無資力の X は、偽造の預金口座残高証明書を示して資力があるかのように偽り、A と売買契約を締結して古雑誌を受け取った」という場合（事例2）は、500 万円を取得できないのに古雑誌を処分した A は〈意図した者に意図した量の財産的利益が与えられる財産処分〉をしたとはいえず、詐欺罪が成立しうる。未成年者事例・事例1 の X の属性は財産処分と関係がないのに対し、事例2 の X の属性（資力があり支払能力があること）は財産処分と関係がある、ともいえる。

　反対給付のない寄付金詐欺について考えると、「X は、見栄っ張りの A から難民救済募金を得ようと考え、A に対し、『同僚の B さん、C さん、D さんも気前よく募金してくれました』と嘘をいって、募金として 1000 円を交付させた」という場合は、A は、意図した通り、X に 1000 円、難民に募金で購入した生活用品などの財産的利益が与えられる財産処分をしているので、詐欺罪は成立しない。これに対し、「X は、A から現金を得て費消しようと考え、A に対し、『難民救済募金にご協力願います』と嘘をいって、1000 円を交付させた」という場合は、A は、意図した通り、難民に財産的利益が与えられる財産処分をしていないので、詐欺罪が成立しうる。

Ⅲ　私見の具体的展開

　最決昭和 34 年 9 月 28 日刑集 13 巻 11 号 2993 頁の事案（ドル・バイブレーター事件）をとりあげる。その概要は、「X は、A に対し、一般に市販されていて、中風等に特効があるわけではない、ドル・バイブレーターという電気按摩器を、一般には入手困難な、中風等に特効のある新しい特殊治療器で高価なものであるかのように装って、その売買代金等として金員の交付を受けた」というものである。同決定は、「たとえ価格相当の商品を提供したとしても、事実を告知するときは相手方が金員を交付しないような場合において、ことさらに商品の

効能などにつき真実に反する誇大な事実を告知して相手方を誤信させ、金員の交付を受けた場合は詐欺罪が成立する」として、詐欺罪の成立を肯定した。

　私見によれば、同決定の結論は支持できる。Aの取得した電気按摩器によって中風等を治療することはできないのであるから、Aが電気按摩器から得られる使用利益はAの予測した量を大きく下回る。したがって、Aは自己に意図した量の財産的利益が与えられる財産処分をしたとはいえず、詐欺罪が成立することになる。

　最判平成13年7月19日刑集55巻5号371頁の事案（汚泥処理偽装事件）をとりあげる。その概要は、「建設会社の従業員であるXらは、同社がAから請け負った住宅新築くい工事の完成代金を支払ってもらうにはAの係員の完成検査を受けて合格し検査調書を作成してもらう必要があったところ、同工事の現場から排出された汚泥が全て正規に処理されたかのように装って、同係員に検査調書を作成させ、Aの担当者に、同社に対する工事完成払金の支払をさせた」というものである。本件においては、①汚泥の一部不法投棄等が判明したら相応の工事代金減額がなされるべきであるので、実際を大幅に上回る汚泥処理費用を含めた工事完成払金を請求してAを欺罔したことになるのではないか、②工事完成払金を受領する権利があっても受け取れる時期を不当に早めたことから詐欺罪が成立することになるのではないか、という点が問題になるところ、同判決は、①について、「場外搬出した汚泥の処分を関係法令に従って行ったか否かということは、業者としての公法上の義務に係るものであって、請負代金の支払請求権と対価関係に立つものではなく、これを理由に、発注者に請負代金の減額請求権が発生するとはいえない」と述べ、②について、「本来受領する権利を有する請負代金を不当に早く受領したことをもって詐欺罪が成立するというためには、欺罔手段を用いなかった場合に得られたであろう請負代金の支払とは社会通念上別個の支払にあたるといい得る程度の期間支払時期を早めたものであることを要すると解するのが相当である」と述べて、詐欺罪の成立を肯定した原判決を破棄した（差戻）。

　私見によれば、この結論は支持できる。工事は完成し汚泥は場外に搬出されている以上、Aは、建設会社に完成払金、Aに工事完成による財産的利益が与えられる財産処分をしているのであって、詐欺罪は成立しない。

最決平成 22 年 7 月 29 日刑集 64 巻 5 号 829 頁の事案（搭乗券詐欺事件）をとりあげる。その中心部分は、「X は、国際空港のチェックインカウンターにおいて、係員 A に対し、真実は搭乗券をカナダに不法入国しようとしている B に交付し B を X として航空機に搭乗させる意図であるのに、これを秘して、あたかも X が搭乗するかのように装い、X に対する航空券及び日本国旅券を提示して搭乗券交付を請求し、A をその旨誤信させて、X に対する搭乗券 1 枚の交付を受けた」というものである。同決定は、「本件において、航空券及び搭乗券にはいずれも乗客の氏名が記載されているところ、本件係員らは、搭乗券の交付を請求する者に対して旅券と航空券の呈示を求め、旅券の氏名及び写真と航空券記載の乗客の氏名及び当該請求者の容ぼうとを対照して、当該請求者が当該乗客本人であることを確認した上で、搭乗券を交付することとされていた。このように厳重な本人確認が行われていたのは、航空券に氏名が記載されている乗客以外の者の航空機への搭乗が航空機の運航の安全上重大な弊害をもたらす危険性を含むものであったことや、本件航空会社がカナダ政府から同国への不法入国を防止するために搭乗券の発券を適切に行うことを義務付けられていたこと等の点において、当該乗客以外の者を航空機に搭乗させないことが本件航空会社の航空運送事業の経営上重要性を有していたからであって、本件係員らは、上記確認ができない場合には搭乗券を交付することはなかった。また、これと同様に、本件係員らは、搭乗券の交付を請求する者がこれを更に他の者に渡して当該乗客以外の者を搭乗させる意図を有していることが分かっていれば、その交付に応じることはなかった。〔…〕以上のような事実関係からすれば、搭乗券の交付を請求する者自身が航空機に搭乗するかどうかは、本件係員らにおいてその交付の判断の基礎となる重要な事項であるというべきであるから、自己に対する搭乗券を他の者に渡してその者を搭乗させる意図であるのにこれを秘して本件係員らに対してその搭乗券の交付を請求する行為は、詐欺罪にいう人を欺く行為にほかならず、これによりその交付を受けた行為が刑法 246 条 1 項の詐欺罪を構成することは明らかである」とした。

　私見によれば、同決定の結論は支持できない。X は運賃を支払って入手した航空券を A に示して X に対する搭乗券の交付を受けているのであるから、A は、X に搭乗券、航空会社に運賃による財産的利益が与えられる財産処分をし

ているのであって、詐欺罪は成立しない。もっとも、「実質的にはXではなく
Bに搭乗券による財産的利益が与えられる財産処分になっており、これはA
の意図する財産処分ではないのではないか」という疑問をもつ者がいるかも知
れない。しかし、現実にAが搭乗券を交付したのはBではなくXであるから、
そのようには考えられない[4]。

　最決平成26年3月28日刑集68巻3号646頁の事案をとりあげる。その中
心部分は、「暴力団員であるXは、ゴルフ場利用約款等により暴力団員の入場
及び施設利用を禁止しているゴルフ倶楽部の会員であるYと共謀の上、同倶
楽部において、暴力団員であることを秘し、Yにおいて、従業員Aに対し、
Xによるゴルフ場の施設利用を申し込み、AらにXが暴力団員ではないと誤
信させて、ゴルフ場利用契約を成立させ、Xにおいて、同倶楽部の施設を利用
した。Xの施設利用料金等はYがクレジットカードで精算した」というもの
である。同決定は、「利用客が暴力団関係者かどうかは、本件ゴルフ倶楽部の
従業員において施設利用の拒否の判断の基礎となる重要な事項であるから」、
Yの行為は「詐欺罪にいう人を欺く行為にほかならず、これによって施設利用
契約を成立させ、Yと意を通じた被告人〔X〕において施設利用をした行為が
刑法246条2項の詐欺罪を構成することは明らかである」とした。

　私見によれば、同決定の結論は支持できない。Aらは、Xに施設利用、ゴ
ルフ倶楽部に利用料金による財産的利益が与えられる財産処分をしているので
あるから、詐欺罪は成立しない。暴力団関係者に入場された点は建造物侵入罪
等で問題にすべきことであろう[5]。

　最決平成26年4月7日刑集68巻4号715頁の事案をとりあげる。その概要
は、「暴力団員であるXは、自己名義のA銀行の総合口座通帳及びキャッシュ
カードを取得するため、郵便局において局員Bに対し、真実は自己が暴力団

4　また、BがXに変装してチェックインカウンターで搭乗券の交付を受けた場合は、Aは、
　まさに搭乗する者に搭乗券を交付しているわけであるから、詐欺罪は成立しない。旅券が
　偽造したものであったら偽造公文書行使罪で対応することになろう。
5　もっとも、本事案で建造物侵入罪が成立する、といえるかは疑わしい。最判平成21年
　11月30日刑集63巻9号1765頁は、ビラ配布のために管理組合の承諾なくマンションの
　共用部分に立ち入った事案について、130条前段の罪の成立を肯定しているけれど、マン
　ション共用部分についての判断をゴルフ場施設に直ちに転用することもできない、と思う。

員であるのにこれを秘し、総合口座利用申込書の『私は、申込書3枚目裏面の内容（反社会的勢力でないことなど）を表明・確約した上、申し込みます』と記載のある『おなまえ』欄に自己の氏名を記入するなどして、自己が暴力団員でないものと装い、同申込書を提出してX名義の総合口座の開設及び総合口座通帳等の交付を申し込み、BらにXが暴力団員ではないものと誤信させて、Bから総合口座通帳1通の交付を受け、後日、郵送によりキャッシュカード1枚の交付を受けた」というものである。同決定は、本件の事実関係の下においては「総合口座の開設並びにこれに伴う総合口座通帳及びキャッシュカードの交付を申し込む者が暴力団員を含む反社会的勢力であるかどうかは、本件局員らにおいてその交付の判断の基礎となる重要な事項であるというべきであるから、暴力団員である者が、自己が暴力団員でないことを表明、確約して上記申込みを行う行為は、詐欺罪にいう人を欺く行為に当たり、これにより総合口座通帳及びキャッシュカードの交付を受けた行為が刑法246条1項の詐欺罪を構成することは明らかである」とした。

　私見によれば、同決定の結論は支持できない。Bらは、Xに通帳等、A銀行に口座入金による財産的利益が与えられる財産処分をしているのであるから、詐欺罪は成立しない。暴力団員による口座開設には事後的な取引停止等で対応すべきであろう。

| 第 26 章 | **244 条 1 項と家庭裁判所により
選任された後見人の横領** |

I　課題の設定

　ここでの課題は、「家庭裁判所により選任された未成年後見人又は成年後見人が、その占有している、244 条 1 項所定の親族関係がある被後見人の物を横領した場合、同項の規定が 255 条により準用されて、刑が免除されることになるか」というものである[1]。判例は、このような場合の後見事務は「公的性格」を有するとして、これを否定している[2]。学説には、（委託者ないしこれに準じる者である）家庭裁判所との間に 244 条 1 項（以下、「本条項」という）所定の親族関係がないことを理由とする否定説（否定説 1）、このような場合の後見人の地位等の公的性質を理由とする否定説（否定説 2）、本条項所定の親族関係がある以上、刑を免除しないと罪刑法定主義に反することを理由とする肯定説などがある[3]。

II　私見の提示

　本条項は、「配偶者、直系血族又は同居の親族との間で〔…〕罪を犯した者は、その刑を免除する」という文言になっている。横領罪、業務上横領罪は、「自己の占有する他人の物を横領」する罪であり、「他人」（被害者）と「横領した者」（行為者）との間に本条項所定の親族関係があれば、本条項が準用されて刑が免除される、というのが、この文言にそった解釈による結論である。この解釈を修正すべき合理的な理由がない限り、肯定説を支持することになる。そこで、以下、まず否定説を支持できるかを検討し、つぎに肯定説に対する批判を検討して、修正すべき合理的な理由の存否を探求する。

　否定説 1 は、横領罪について本条項が適用されるためには行為者と被害者及び委託者との間に親族関係があることが必要である、という解釈を前提に、親族関係にない家庭裁判所は委託者ないしこれに準じる者である、と考えて、本

1　Next 各論 91 頁、現代 287 頁以下〔坂井愛〕、参照。
2　未成年後見人のケースに関し、最決平成 20 年 2 月 18 日刑集 62 巻 2 号 37 頁、成年後見人のケースに関し、最決平成 24 年 10 月 9 日刑集 66 巻 10 号 981 頁。いずれも本文で後述する。
3　現代 295 ～ 297 頁〔坂井愛〕参照。

155

条項の適用を否定する。しかし、行為者と被害者との間に親族関係があることは明白であるのに、なぜ（被害者とは異なる）委託者との間に親族関係がないと本条項の適用が否定されるのかは明らかではない。物の所有権のほか委託関係を保護法益と考えることも不可能ではないものの、第一次的な保護法益である所有権を害された被害者との間に親族関係がある以上、本条項の適用を認めるべきではないか、と思う。窃盗罪なら、財物の占有者と所有者が異なる場合、所有者も235条の「他人」に含まれると考えて、占有者のみならず所有者との間にも親族関係がないと本条項が適用されない、と解釈することもできないではない。しかし、横領罪の「他人」に所有者のほか（所有者ではない）委託者が含まれる、という解釈には無理がある。また、このような無理のある解釈を是認したとしても、家庭裁判所を委託者ないしこれに準じる者であると考えることはできない。民法839条以下の条文に照らすと、家庭裁判所は、少なくとも第一次的には被後見人等の請求によって、制限行為能力者の財産管理者にするのに相応しい者を後見人に選任して監督等をするだけであり、後見人に選任された者に財産を委託するわけではない、と見るべきである。否定説1は支持できない[4]。

　否定説2は、家庭裁判所により選任された後見人の地位、権限、事務などが公的性格ないし公的性質を有することを理由とする。そこには、親族間の一定の犯罪は刑罰権の行使より親族間の自律に委ねて解決した方がよい、というのが本条項の趣旨だとすると、公的性格・性質を有する後見人が罪を犯した場合は、もはや親族間の自律に委ねるのは適当ではない、という配慮がある[5]。また、本条項の根拠を親族間の「甘えの構造」から責任が減少する点に求める見解は、後見人の職務の公的性格から責任の減少を認める余地が存しない、として否定説を支持する[6]。しかし、家庭裁判所から選任された後見人であろうと、被後見人との親族関係が喪失するわけではないのであるから、親族間の自律に

4　否定説1に対するその他の批判につき、現代295～296頁〔坂井愛〕参照。
5　百選Ⅱ73頁〔林陽一〕は、最決平成20年2月18日刑集62巻2号37頁が「未成年後見人の後見の事務は公的性格を有する」といっているのは、「被後見人の財産保護のための公益的制度である後見制度上の義務を負っている場合には、親族間の自律に委ねることができない、という趣旨であろう」とする。
6　西田・各論251頁参照。

委ねるのが適当である状況、親族間の「甘えの構造」から責任が減少する状況に変わりはないように思う。また、仮に変わりがあるとしても、後見人と被後見人との間に親族関係があり、本条項の要件を充たす以上、本条項の適用を否定する理由にはならない[7]。否定説2も支持できない。

肯定説に対する批判は、本条項は犯罪構成要件ではなく犯罪の成立を前提に刑を免除する場合についての規定であるから、ある程度緩やかに解しても罪刑法定主義に反しない、というものである[8]。しかし、罪刑法定主義は、文字通り罪と刑との双方について予め法定しなければならない、とする原則であることを考えれば、刑を免除する場合についての規定であるから緩やかに解しても同主義に反しない、とはいえない[9]。私見の基本的人権保障主義（第1章参照）からも、刑の免除についての規定を行為者に不利益な方向に解釈することは、憲法13条、31条に違反し許されない、ということになる。

以上の検討により、本節冒頭の解釈を修正すべき合理的理由を発見することはできなかった。よって、肯定説を支持することになる。

III　私見の具体的展開

最決平成20年2月18日刑集62巻2号37頁の事案をとりあげる。その概要は、「Xは、家庭裁判所によりA（Xの孫）の未成年後見人に選任され、Aの預貯金の保管等の業務に従事していたところ、1500万円以上の金員を預貯金口座から引き出して横領した」というものである。同決定は、「刑法255条が準用する同法244条1項は、親族間の一定の財産犯罪については、国家が刑罰権

7　現代289〜290頁〔坂井愛〕にあるように、本条項は現代社会における親族関係の実情に適合しない規定であって改正を要するものである、といえる。しかし、現行法として存在している、行為者に有利な規定である以上、文言にそった解釈がなされるべきである。根本的な解決は立法によるしかない。

8　百選II 73頁〔林陽一〕は、「構成要件ではなく刑罰阻却事由等に関する親族相盗例については、ある程度緩やかに解することも許されよう」とし、最決平成20年2月18日刑集62巻2号37頁が「犯人の処罰につき特例を設けたにすぎ〔ない〕」と述べているのは「この点にも答えたものであろう」とする。

9　松原芳博「親族相盗例の適用範囲—近時の判例の動向をめぐって—」九州国際大学法学論集18巻3号21頁以下（2012年）の38頁は、「罪刑法定主義は、法の文言による処罰範囲の明示を意味するものであるから、構成要件要素のみならず、違法阻却事由、責任阻却事由、処罰阻却事由といった実体法上の刑罰発動要件全体に及ぶものといわねばならない」とする。

の行使を差し控え、親族間の自律にゆだねる方が望ましいという政策的な考慮に基づき、その犯人の処罰につき特例を設けたにすぎず、その犯罪の成立を否定したものではない」と述べた上、「一方、家庭裁判所から選任された未成年後見人は、未成年被後見人の財産を管理し、その財産に関する法律行為について未成年被後見人を代表するが（民法859条1項）、その権限の行使に当たっては、未成年被後見人と親族関係にあるか否かを問わず、善良な管理者の注意をもって事務を処理する義務を負い（同法869条、644条）、家庭裁判所の監督を受ける（同法863条）。また、家庭裁判所は、未成年後見人に不正な行為等後見の任務に適しない事由があるときは、職権でもこれを解任することができる（同法846条）。このように、民法上、未成年後見人は、未成年被後見人と親族関係にあるか否かの区別なく、等しく未成年被後見人のためにその財産を誠実に管理すべき法律上の義務を負っていることは明らかである」と述べ、「そうすると、未成年後見人の後見の事務は公的性格を有するものであって、家庭裁判所から選任された未成年後見人が、業務上占有する未成年被後見人所有の財物を横領した場合に、上記のような趣旨で定められた刑法244条1項を準用して刑法上の処罰を免れるものと解する余地はないというべきである」と述べて、Xの刑は免除されないとした原判決は正当であるとした。

　私見によれば、同決定の結論は支持できない。既に述べたように、XとAとの間に本条項所定の親族関係がある以上、本条項を準用して刑を免除するべきである。本条項が犯罪の成否ではなく処罰阻却事由についての規定であるからといって、「後見の事務の公的性格」などを理由に、本条項の適用を否定することは、刑法の最重要の目的が人権侵害防止であること（第1章参照）を無視し、基本的人権尊重主義、罪刑法定主義に反するものである、との批判を免れない。

　最決平成24年10月9日刑集66巻10号981頁の事案をとりあげる。その概要は、「Xは、家庭裁判所によりA（Xの養子）の成年後見人に選任され、Aの預貯金の管理等の業務に従事していたところ、930万円以上の金員を預貯金口座から引き出して横領した」というものである。同決定は、本条項の趣旨に鑑みてXがAの養親であることを量刑判断にあたり酌むべき事情として考慮すべきであるとの弁護人の主張に対し、「しかしながら、家庭裁判所から選任さ

れた成年後見人の事務は公的性格を有するものであって、成年被後見人のために
その財産を管理すべき法律上の義務を負っているのであるから」、本件において
いては「成年後見人と成年被後見人との間に刑法244条1項所定の親族関係が
あっても、同条項を準用して刑法上の処罰を免除することができないことはも
とより、その量刑に当たりこの関係を酌むべき事情として考慮するのも相当で
はないというべきである」と述べて、上告を棄却した。

　私見によれば、同決定の結論は支持できない。本件においても、本条項を準
用して刑を免除するべきである。また、仮に、同決定のような理由で準用を否
定したとしても、量刑事情としてXがAの養親であることを考慮することは
さしつかえない、と解する。本条項の趣旨とされる「親族間の自律にゆだねる
方が望ましい」状況にはないとしても、XがAの養親であるという事実に変
わりはなく、このことは、有利不利を問わず、量刑において考慮されてしかる
べきである。本条項の準用が否定されるということから、直ちに親族関係があ
ることを量刑事情として考慮するのも相当ではない、とした同決定は、論理の
飛躍があるとの批判を免れない。

第 27 章　取引の相手方と特別背任罪の共同正犯

Ⅰ　課題の設定

ここでの課題は、「A 社の（代表）取締役など特別背任罪（会社法 960 条）の身分を有する X が、その任務に違背して Y（ないし Y 経営の会社）と取引し A 社に財産上の損害を加えたために、X が特別背任罪の罪責を負う場合、取引の相手方である Y が同罪の共同正犯になるのは、どのようなときか」というものである。例えば、金融機関が融資する場合、融資条件等について金融機関の担当者とは異なった認識を持ちがちである融資の相手方を融資内容を認識しつつ通常の形態で融資を受けただけで共同正犯になるとするのは妥当ではなく、経済活動に対する不当な制約にもなる。そこで、相手方が共同正犯になるのはどのようなときかが問題になる[1]。

Ⅱ　私見の提示

60 条の文言から、共同正犯になるためには、共同して実行行為をおこなうことが必要である（第 14 章参照）。特別背任罪の実行行為は、類型性評価、危険性評価により、会社法 960 条所定の身分者が、図利・加害目的をもってする「その任務に背く行為」にあたる、と認められた行為である。例えば、株式会社の取締役の任務は株式会社のために忠実に（会社法 355 条）業務を執行することであって（同法 348 条）、「任務に背く行為」として同罪の実行行為に該当する取引行為は、株式会社の利益に反し損害を与える危険性のある「異常な取引」というべきものになる。具体的には、担保をとらずに多額の融資をするとか、必要もないのに市価に比して著しい高値で物品を購入するとかいった行為である。そして、取引の相手方が「異常な取引」、すなわち、本罪の実行行為を共同しておこなったと評価されるためには、単に取引の相手方となるだけでは足りず、例えば、担保となる不動産の価値や購入物品の価値を偽る書類の作成・提出や、形式的な（ダミーの）融資先や不要な仲介業者となる者の提供をする

1　Next 各論 130 ～ 131 頁、設楽裕文「特別背任罪の共同正犯」日本法学 82 巻 2 号 99 頁以下（2016 年）、参照。

ことが必要である。このような、特別背任罪の実行行為の一部分担をした、すなわち、「共同して背任罪を実行した」と評価できるだけの事実的寄与をした場合に[2]、取引の相手方は本罪の共同正犯になる、と解する[3]。

Ⅲ　私見の具体的展開

　最決平成 15 年 2 月 18 日刑集 57 巻 2 号 161 頁の事案（住専事件）をとりあげる。その概要は、「A 社（住宅金融専門会社）は、1991 年 8 月から同年 11 月までの間、B 社（不動産会社）に 4 回融資した（融資額合計 18 億 7000 万円）。その際、融資が対外的に突出するのを避けるため、A 社の融資担当者 X らは、B 社の代表取締役 Y（B 社の子会社 C 社の代表取締役でもある）の協力を得て書類を整えた上、A 社の関連会社 D 社、C 社を経由する迂回融資の方法をとった（以下、この融資を『本件融資』という）。Y は、(1)本件融資が実質無担保の高額な継続的融資であり、迂回融資の方法がとられるなど不自然な形のものであることを認識し、(2)本件融資が A 社の X らが A 社に対する任務に違背しておこなわれたものであること、A 社に財産的損害を与えるものであることを十分認識しつつ、A 社に対して繰り返し運転資金の借入を申し入れて X らをして任務に違背するように仕向けた。その際、Y は、B 社が資金面で A 社に深く依存し、財務的に破綻状況にあったにもかかわらず、A 社からの継続的な借入により倒産を免れているという状態にあったため、X らが、B 社に対する過剰融資、貸付金の回収不能から生ずる責任を回避し、保身を図る目的で本件融資に応じざるをえないことを知っており、また、X と個人的に親密な Z（B 社の創業者で実質的経営者であり、Y の前に B 社の代表取締役であった者）と共同して本件融資の実現に寄与した」というものである。同決定は、本件の事実関係によれば、Y は、「X ら融資担当者がその任務に違背するに当たり、支配的な影響力を行使することもなく、また、社会通念上許されないような方法を用いるなどして積極的に働き掛ける

2　主観的要素として、任務違背性等の認識・予見や図利・加害目的があることを要する。

3　百選 II 149 頁〔井田良〕は、「背任罪が成立するためには、任務違背行為や財産的損害の発生に関し故意がなければならない〔…〕。そして、不正融資のケースにおいては、背任の実行行為そのものは、貸付け側の役員により行われるのであり、直接に関与できない非身分者たる被融資者には、任務違背行為や損害という複雑な事実について（故意と評価しうる程度の具体的な）認識をもちえないことが多い」とする。私見は共謀共同正犯否定説であるから、取引の相手方も背任行為を共同実行した場合にのみ共同正犯の成立を肯定する。そのような場合には、通常、故意も認められる、ということになる。

こともなかったものの、Xらの任務違背、A社の財産上の損害について高度の認識を有していたことに加え、Xらが自己及びB社の利益を図る目的を有していることを認識し、本件融資に応じざるを得ない状況にあることを利用しつつ、A社が迂回融資の手順を採ることに協力するなどして、本件融資の実現に加担しているのであって、Xらの特別背任行為について共同加功をしたとの評価を免れないというべきである」として、本罪の共同正犯の成立を肯定した原判決を支持した。

　私見によれば、同決定の結論は支持できる。Yは、Xらが本件融資に応じざるをえない状況にあることを利用して、繰り返し、借入を申し入れた上、迂回融資という異常な取引について、自己が代表取締役であるC社を組み込むという重要な事実的寄与をしているのであるから、本罪を共同実行したと評価できる。

　最判平成16年9月10日刑集58巻6号524頁の事案（北國銀行事件—刑法247条の背任罪が問題になったケース）をとりあげる。その概要は、「A県信用保証協会（以下、『A協会』という。Xは、その常勤理事）は、B銀行が1993年6月30日にC社に8000万円融資する際に保証をした。C社は、同年7月9日に事実上倒産した。A協会の事務担当者は、融資の担保にしていた工場財団の機械166点中4点が登記漏れになっていたことから、これが保証条件違反にあたるとして、B銀行に対し、代位弁済できない旨の通知をした。その後、双方の担当者が折衝したものの、B銀行審査部は、代位弁済を受けることは困難と判断して、A協会に対し、債権償却のための免責通知書の発行を求め、1996年2月15日頃、交付を受けた。ところで、A協会においては、県、市町村、金融機関の出捐金や負担金により計10億5000万円を基本財産に充てるという基本財産増強計画があり、B銀行も、1994年度及び1995年度には各4000万円を超える負担金を拠出していた。Xは、1996年3月28日、Y（B銀行の代表取締役頭取）に面会して1996年度の負担金の拠出を依頼した。すると、Yは、『負担金拠出には応じられない。それよりもC精機の代弁否認は無茶ではないか。160件余りの担保物件の追担の4件ぐらいで否認は無茶ではないか』などといって、代位弁済に応じるよう強く要請した。同要請についてXから報告を受けたA協会役員らは、B銀行が負担金を拠出しなければ基本財産増強計画に支障をきたす恐

れがあることから同要請に応じざるをえないと判断し、1996 年 7 月 19 日、B 銀行に対し 8000 万円の代位弁済を実行した」というものである。同判決は、(1)金融機関の負担金拠出額は A 協会の保証を受けた債務の前年末の残高及び過去 1 年間に受けた代位弁済の額によって算定されることになっており、B 銀行関係の保証債務残高及び代位弁済の額の割合を考えると、B 銀行のみが A 協会から利益は受けるけれど応分の負担をすることは拒否するという態度をとることが実際上可能であったのか、ひいては Y が拠出に応じないことを利用して代位弁済を強く求めることができたのかについては疑問があり、(2)B 銀行が負担金の拠出を拒絶することが可能であったとしても、A 協会としては負担金拠出と代位弁済の利害得失を慎重に総合検討して態度を決定すべき立場にあり、負担金の拠出を受けることと切り離して、代位弁済をすることが直ちに任務違背行為にあたると速断することはできず、(3)機械 166 点中 4 点について登記手続きが未了であったという事実以外の免責事由を Y が認識していたことは確定されていず、Y が代位弁済行為の任務違背性を認識していたとの根拠はなく、機械 4 点の登記漏れの事実が 8000 万円の債務全額についての免責事由となりうるかについても議論がありうるところであって、「これらの諸事情に照らせば、本件においては、被告人〔Y〕が協会役員らと共謀の上、協会に対する背任行為を実行したと認定するには少なからぬ合理的な疑いが残っているといわざるを得ない」として、原判決を破棄した（差戻）。

　私見によれば、この結論は支持できる。代位弁済に応じるようにこの程度の要請をしただけで、背任罪を共同実行したと評価することはできない。本件代位弁済が異常な取引であるとは認め難い上、Y は A 協会の理事らに代位弁済を強要できるような立場にはなく、「代弁否認は無茶ではないか」との発言が直ちに代位弁済否認撤回を強いるものといえるかも疑問である。

　最決平成 17 年 10 月 7 日刑集 59 巻 8 号 1108 頁の事案（イトマン絵画事件）をとりあげる。その概要は、「A 社（総合商社）の絵画事業は、W（1990 年 2 月 1 日付で A 社理事・企画監理本部長、同年 6 月 28 日 A 社常務取締役）が統括し、X（A 社代表取締役名古屋支店長、1990 年 4 月 1 日企画監理副本部長）が W を補佐していた。1990 年 6 月 28 日には A 社の子会社 B 社が絵画事業を目的として設立され、同月 29 日、W、X は、B 社代表取締役に就任した。C 社等の企業グループを

経営支配し、1989年3月からWとの間で経営する会社の資金を融通し合っていたYは、1990年2月22日頃から同年8月末頃までの間、12回にわたり、Wに対し、A社において、Yの支配するC社等3社から絵画等計186点を高額で購入するよう依頼した。Yとの間で資金を融通しあっていたWにとっては、Yの資金が潤沢になればWの資金需要を満たすことが可能となり、Yの資金が逼迫すればWの資金繰りに大きな障害が生じることから、A社がYから多額の利益を上乗せした価格で絵画を購入することは、Yの利益を図るとともにWの利益を図ることにもなった。また、XにはA社の決算上の利益出しのためにYの協力を得る必要があった。そこで、WとXは、Y、Wの利益を図る目的で、任務に背いて、Y側が申し出た絵画等の価格が著しく不当に高額であり、その価格で購入すればA社に損害が生じることを認識、認容しながら、あえてY側の申出金額のままで合計472億410万円での買取りに応じ、A社に223億1000万円相当の財産上の損害を生じさせた。その際、Yは、W、Xの要請に応じて、監査法人の監査対策用に、絵画等についての偽造の鑑定評価書を作成し提出した。また、Yは、同年7月下旬頃、Wに対し、A社において、Y側が提供する絵画25点を63億円で買うよう依頼した。W、Xは、B社を買受先とすることにし、Y、Wの利益を図る目的で、任務に背いて、同年7月31日、63億円をYの支配する会社に絵画25点の売買代金として支払い、B社に約40億4000万円相当の損害を生じさせた」というものである。同決定は、Yは、特別背任罪の主体としての身分を有していないものの、「Wらにとって各取引を成立させることがその任務に違背するものであることや、本件各取引によりA社やB社に損害が生ずることを十分に認識していたと認められる。また、本件各取引においてA社やB社側の中心となったWと被告人〔Y〕は、共に支配する会社の経理がひっ迫した状況にある中、互いに無担保で数十億円の融資をし合い、両名の支配する会社がいずれもこれに依存するような関係にあったことから、WにとってはYに取引上の便宜を図ることが自らの利益にもつながるという状況にあった。Yは、そのような関係を利用して、本件各取引を成立させたとみることができ、また、取引の途中からは偽造の鑑定評価書を差し入れるといった不正な行為を行うなどもしている」、「このようなことからすれば、本件において、被告人が、Wらの特別背任行為について共同加功

第27章　取引の相手方と特別背任罪の共同正犯　**165**

したものと評価し得ることは明らかであ〔る〕」として、本罪の共同正犯の成立を肯定した原判決を支持した。

　私見によれば、同決定の結論は支持できる。Yは、Wと利害関係が共通することを利用して、異常な取引をWに持ちかけ、偽造の鑑定評価書の作成・提出といった事実的寄与もおこなっているので、本罪を共同実行したと評価できる。

　最決平成20年5月19日刑集62巻6号1623頁の事案（再生スキーム事件）をとりあげる。その概要は、「A銀行（代表取締役頭取X）は、Yが実質的に経営する企業グループである『Yグループ』の企業に多額の融資をしていた（2000年3月時点で貸出金残高は200億円近かった）。Yグループの中心企業であるB社は、A銀行等から融資を受けてゴルフ場（以下、『本件ゴルフ場』という）を開発した。しかし、本件ゴルフ場の経営は成功せず、B社は多額の損失を出した。Yは、自己の支配する企業がA銀行から融資を受けて本件ゴルフ場をB社から買い取った上で債権者C社に相当額を支払ってB社に対する債権を譲り受ける形を取るなどしてB社の債務圧縮を実現する案（以下、『再生スキーム』という）をXらに提案し、C社との交渉材料として利用するため、不動産鑑定士に依頼して、客観的な担保価値は十数億円程度に過ぎない本件ゴルフ場の価格を67億5273万円とする不動産鑑定評価書を作成させ、これを、C社との交渉担当者Z（D社経営者）に提供したほか、融資決定にあたって、A銀行にも提供した。さらに、2000年9月5日、同年4月に本件ゴルフ場の譲り受け先としてYが設立したE社とB社との間で、E社がB社の約41億円の債務を引き継いだ上、本件ゴルフ場を譲り受けるとの売買契約が締結された。また、同年9月11日、B社、C社、D社の間で、①B社はC社に計約156億円の債務のうち17億円を支払う、②C社は残債権を300万円でD社に譲渡する、③C社は本件ゴルフ場における自社の担保権抹消に同意するなどの合意が成立した。A銀行は、同月22日、E社に57億円を貸し付けた（以下、『本件融資』という）。本件融資の担保として、本件ゴルフ場に第1順位（極度額32億円）、第3順位（極度額36億4000万円）の根抵当権が設定されたほか、Yらも連帯保証した。Xらは、本件融資について、E社やB社が返済能力を有さず、本件ゴルフ場の不動産鑑定評価額が大幅な水増しで、本件ゴルフ場の担保価値が乏しく、本件融資の焦付

きが必至のものであることを認識していた。また、Xらは、本件融資を実行し
なければB社の経営が破綻しA銀行との長年にわたる不正常な取引関係が明
るみに出ることなどにより、経営責任を追及される状況にあり、本件融資は、
Xらの自己保身とB社の利益を図ることを目的にしていた。Yは、Xらが自
己の利益を図る目的を有していたことを認識しており、本件融資の実行がX
らの任務に違背するものであること、その実行がA銀行に財産上の損害を加
えるものであることを十分に認識していた」というものである。同決定は、Y
は、「特別背任罪の行為主体の身分を有していないが、上記認識の下、単に本
件融資の申込みをしたにとどまらず、本件融資の前提となる再生スキームをX
らに提案し、C社との債権譲渡の交渉を進めさせ、不動産鑑定士にいわば指し
値で本件ゴルフ場の担保価値を大幅に水増しする不動産鑑定評価書を作らせ、
本件ゴルフ場の譲渡先となるE社を新たに設立した上、Xらと融資の条件に
ついて協議するなど、本件融資の実現に積極的に加担したものである。このよ
うな事実からすれば、被告人はXらの特別背任行為について共同加功したも
のと評価できるのであって」として、本罪の共同正犯の成立を肯定した原判決
を支持した。

　私見によれば、同決定の結論は支持できる。Yは、再生スキームを提案し、
本件ゴルフ場の価格を不当に高く評価する不動産鑑定評価書を作成させ、本件
融資の形式上の受け先となるE社を設立するなどの事実的寄与をしており、
中心的人物として、異常な取引である本件融資に関与したものであるから、本
罪を共同実行したと評価できる。

第 28 章　被害者に戻す行為と盗品関与罪

Ⅰ　課題の設定

ここでの課題は、「被害者（ないし被害者側の者）に盗品等を戻す行為は盗品関与罪にあたるか」というものである。盗品等について、被害者の下に運搬する、被害者の下に戻すために買い取る、被害者を相手とする買戻しのあっせんをする、といった行為は、追求権を害するものではないので、それぞれ、盗品等運搬罪、盗品等有償譲受け罪、盗品等有償処分あっせん罪にあたらないのではないか、という問題である。判例は、盗品等の正常な回復を困難にし、本犯助長性のある行為については、積極に解している（後掲の最決平成 14 年 7 月 1 日刑集 56 巻 6 号 265 頁参照）。学説には、消極に解する見解と積極に解する見解とがある[1]。消極に解する見解は、盗品等についての追求を困難にすることが盗品関与罪の不法内容である以上、被害者の下に戻す行為には恐喝罪などで対応するのが妥当である、とする[2]。積極に解する見解には、盗品関与罪の本犯助長的側面を考慮して、本犯の利益のためにおこなえば被害者の下への運搬や被害者を相手とするあっせんも盗品関与罪にあたるとするもの[3]と、追求権はいわれなき負担を負うことなく盗品の返還を求めることができる権利を意味するから、そうした「正常な回復」を害する場合は盗品関与罪の成立を肯定することが可能であるとするもの[4]がある。そうなると、盗品関与罪の本質、保護法益に加えて、追求権の実質についても検討しなければ、課題の解答は得られないことになる。

Ⅱ　私見の提示

256 条の文言を見る限り、被害者に盗品等を戻す行為であっても、「無償で譲り受け」る行為、「運搬」する行為、「保管」する行為、「有償で譲り受け」る行為、「有償の処分のあっせんを」する行為であれば、盗品関与罪の実行行

1　Next 各論 136 ～ 137 頁参照。
2　林・判例刑法 400 ～ 401 頁参照。
3　前田・各論 296 ～ 301 頁参照。
4　山口・各論 346 ～ 348 頁参照。

為足りうるように思える。ただ、実行行為に該当するか否かは、類型性評価、危険性評価によってなされるべきところ、盗品関与罪においては、窃盗罪等と異なり、何故処罰されるのか、すなわち、盗品関与罪の本質ないし可罰性の実質が不明確であり[5]、これを確定しなければ、類型性評価、危険性評価ができない。そこで、これについて考えると、盗品関与罪の可罰性の実質は、本犯の被害者が物（盗品等）を自己の支配下に（再び）置いて利益を得ることを妨げるところに見出すことができる、と思う。「本犯の所為によって自己の支配下から離脱し、所在不明になった物を発見して再び自己の支配下に置き利益を得る」という利益、いわば「追求利益」を害するところに、盗品関与罪が財産罪として処罰される理由がある。従来は、「追求権」という用語が用いられ、しかも、これを民法上の返還請求権を基礎として把握したため、民法上返還請求権が認められない場合（例えば、盗品等が不法原因給付物である場合）には追求権が認められず、これに関与しても盗品関与罪にはならない、といった解釈がなされた。しかし、事実的な支配関係を重視する刑法解釈の領域では、追求権の実質は、追求利益として把握されるべきである。そして、盗品関与罪の各行為は、盗品等の所在を不明にし、あるいは、「自分は善意の第三者だ。ただでは返せない」などと主張して返還を拒絶する者（本犯以外の第三者）を現出させて、取戻しを困難にすることにより追求利益を害する行為である。そのような行為でないものは、形式的には盗品関与罪の各行為のように見えても、実行行為には該当しない、と評価されることになる。

　例えば、「Xは、Aの下から宝石を窃取したYから、『Aが困っているようなので返してやってくれ』と依頼されて、同宝石をA宅まで運び、郵便受けに入れて帰って来た」という場合（事例1）、宝石をA宅まで運ぶ行為は、本犯であるYの依頼を受けて盗品等を運搬する行為ではあるものの、類型性評価、危険性評価によって、盗品等運搬罪の実行行為に該当しない、ということにな

5　追求権説、物的庇護説、利益関与説、新しい違法状態維持説、といった諸説が主張されるところである（設楽裕文「窃盗等の被害者を相手方として盗品等の有償の処分のあっせんをする場合と盗品等処分あっせん罪の成否」日本法学70巻2号187頁以下〔2004年〕の195〜196頁参照）。私見は、追求利益を害する罪と盗品関与罪を理解するので、追求権説を基本的に支持することになる。しかし、追求権を民法上の返還請求権と同様に考えるものではない。

170

る。さらに、「X は、A の下から宝石を窃取した Y から、『A に買い戻させることにした。交渉が成功したら連絡するから A の所に届けてくれ』と依頼されて、連絡を受けた後、同宝石を Y 宅から A 宅まで運び、郵便受けに入れて帰って来た」という場合（事例 2）であっても、「ただでは返せない。買い取れ」と主張して買い取らせる行為をおこなっているのは Y であって[6]、X は、買戻しの合意に達した後、いわば機械的に宝石を運んだだけであるから、この運搬行為は、類型性評価、危険性評価によって、同罪の実行行為に該当しない、ということになる[7]。

　また、「X は、A の下から宝石を窃取した Y から、『A に買い戻させてくれ』と依頼されて、A と交渉し、買い戻させた」という場合は、買戻しにつき交渉する行為は、盗品等の所在を不明にするものではなく、権利を主張して返還を拒絶する第三者を新たに出現させるものでもないので、類型性評価、危険性評価によって、盗品等有償処分あっせん罪の実行行為に該当しない。このような考えに対して、「X は、本来無償で返還してもらえる立場にある A に対し、『買取りに応じなければ盗品等を返還しないし、所在も教えない』ということで買取りを持ちかけているのであるから、A の追求利益を害しているのではないか」といった批判が加えられるかも知れない（このような場合は、A に「いわれなき負担」を負わせて「正常な回復」を困難にしている、ということになろう）。しかし、X が盗品等を返還せず、所在に関する情報を提供しなかったからといって、それにより新たに追求利益が害されるわけではない。今までの「盗品等が返還されず、所在が不明である状態」が継続するだけである（むしろ、X の出現により、A には盗品等の所在を探求する手がかりが与えられたといえる）。したがって、盗品等有償処分あっせん罪は成立しないことになる。

Ⅲ　私見の具体的展開

　最決昭和 27 年 7 月 10 日刑集 6 巻 7 号 876 頁の事案をとりあげる。その概要は、「X は、窃盗の被害者 A から、被害品のミシン及び甲皮の取戻しを依頼さ

6　Y は本犯であるから、盗品等有償処分あっせん罪を実行しえない。したがって、X については、同罪の共犯ではなく、盗品等運搬罪としての罪責を負うかを検討することになる。

7　運ぶ途中、Y から指示があったら、A 宅に届けることを中止する、といった手はずになっていたときは別である。このようなときは、運搬行為は、機械的に被害者の下に盗品等を運ぶ行為とはいえず、盗品等運搬罪の実行行為に該当することがあろう。

第 28 章　被害者に戻す行為と盗品関与罪　　**171**

れ、Yと協力して、窃盗犯人と交渉し、8万円で買い戻す旨の合意に達してA
に8万円出捐させて被害品を取り戻して運び、さらに、被害品の内ミシンを
A側に引き渡した際に1万円を要求し、甲皮を持って来るよう求められると、
『どうしても甲皮を持って来なければ1万円出してくれないのならば、渡した
ミシンも持ち帰る』といい、Aの兄Bが怒って警察に訴える旨発言すると、
火鉢にまたがって顔色を変え、『貴様たちがそんな気持ちでおるなら、俺は殺
さんが身内が大勢いるのでお前達の命を取ってしまうぞ』などといって脅迫し、
1万円を支払わせた」というものである。同決定は、「原判決は、結局証拠に
基づき被告人X並びに原審相被告人Y等の本件賍物の運搬は被害者のために
なしたものではなく、窃盗犯人の利益のためにその領得を継受して賍物の所在
を移転したものであって、これによって被害者をして該賍物の正常なる回復を
全く困難ならしめたものであると認定判示して賍物運搬罪の成立を肯定したも
のであるから、何等所論判例と相反する判断をしていない」として、原判決を
支持した。

　私見によれば、この結論は支持できない。Xは、Aから被害品取戻しの依
頼を受けて本犯と交渉し、買戻しの後、被害品を受け取って運んだのであるか
ら、これを賍物運搬罪＝盗品等運搬罪の実行行為に該当すると見るのは無理で
ある。1万円支払わなければ甲皮を持って来ないとかミシンを持ち帰るとか
いっている点はAの追求利益を害しているように見えるけれど、1万円要求
行為は運搬行為ではないので、同罪の実行行為には該当しない。恐喝罪の実行
行為には該当するので、同罪の成立は肯定できる。

　東京高判昭和28年1月31日東高刑時報3巻2号57頁の事案をとりあげる。
その概要は、「X、Yは、A寺から窃取された被害品『同日三幅本尊』の買取
りをBから求められ、Bに『応じなければ売却するか焼却する』といわれて、
A寺に返還するには直ちに買い取るよりないと考えて、5万2000円で同被害
品を買い取った」というものである。同判決は、「そもそも賍物故買等賍物に
関する罪の本質は他人の犯罪行為によって奪われた財物の追求回復を困難なら
しむる行為を罰せんとするにあるのである」から、「本件所為は右賍物故買の
罪の本質に鑑み該犯罪に該らないもの」であって、同罪は成立しない、とした。

　私見によれば、同判決の結論は支持できる。被害者に返還するために買い取

る行為は、類型性評価、危険性評価によれば、盗品等有償譲受け罪の実行行為に該当しない。正当化事由に該当するかを検討するまでもなく、同罪の成立は否定される。なお、積極に解する見解によれば、それが本犯助長的側面を考慮するものであれ、正常な回復を害することを理由とするものであれ、本事案の買取行為が同罪の構成要件に該当しないとすることは困難であろう[8]。

最決平成 14 年 7 月 1 日刑集 56 巻 6 号 265 頁の事案をとりあげる。その概要は、「X、Y は、窃盗の被害にあった株式会社 A の関係者に被害品である約束手形 181 通（額面額合計約 7 億 8578 万円）の内 131 通（額面額合計約 5 億 5313 万円）を売却するよう B らから依頼されて、A の関係者らと買取条件等について交渉し、代金合計 8220 万円と引換えに同約束手形 131 通を A の関係者に引き渡した」というものである。同決定は、「盗品等の有償の処分のあっせんをする行為は、窃盗等の被害者を処分の相手方とする場合であっても、被害者による盗品等の正常な回復を困難にするばかりでなく、窃盗等の犯罪を助長し誘発するおそれのある行為であるから、刑法 256 条 2 項にいう盗品等の『有償の処分のあっせん』に当たると解するのが相当である」とした。

私見によれば、同決定の結論は支持できない。X、Y の交渉は、被害品の所在を不明にしたり、権利を主張する第三者を出現させたりするものではないので、追求利益を害するものではなく、類型性評価、危険性評価によって盗品等有償処分あっせん罪の実行行為に該当する、とはいえない。盗品等を即時返還したり所在を教えるなどして追求利益の取得に協力しないことと、追求利益の取得を（新たに）妨げることとは、別である。前者の意味で「正常な回復を困難にする」からといって、当該行為が同罪の実行行為足りうるものになるわけではない。また、被害者に買取りに応じることを余儀なくさせて代金を支払わせた点については、盗品関与罪ではなく、恐喝罪の成否が検討されるべきである。

8　百選 II 151 頁〔深町晋也〕は、被害者の同意による可罰性の否定を提示するけれど、本事案のような場合、そもそも被害者（A 寺）の同意があると認められるか問題であるし、正常な回復を妨げられているのに任意に同意したといえるのかも疑問である。

第29章　文書の有形偽造

Ⅰ　課題の設定

ここでの課題は、「文書偽造罪における有形偽造とは、どのようなものをいうのか」、あるいは、「有形偽造になるか否かは、どのような基準により判断すべきか」というものである[1]。154条、155条と156条、157条とを、また、159条と160条とを、対比すれば、154条、155条、159条の「偽造」とは、虚偽ないし不実の記載をした文書を作出することではなく、他人の作成すべき文書を（主として、その他人の印章・署名を用いて）その他人だと偽って作成することをいう、ということが分かる。この偽造を有形偽造と呼ぶことについて争いはないであろう。しかし、有形偽造の定義となると、「作成権限なく他人名義の文書を作成すること」のほかに「名義人と作成者との人格の同一性に齟齬を生じさせること」といったものがあり、さらに、「名義人」、「作成者」の概念も明確ではない[2]。現実的な問題として、通称や偽名の使用、肩書きの冒用、名義人の同意などが有形偽造になるか、といったものがあり、議論されている[3]。有形偽造になるか否かについての明確な基準設定が必要である。

Ⅱ　私見の提示

主として、他人の印章・署名を用いた偽造について規定する、154条、155条、159条の文言から考えて、これらの条文における「偽造」、すなわち、有形偽造とは、作成名義を偽って他人名義の文書を作成することをいう、と解する。そして、ここにいう「名義」とは、署名・押印することの通常の意味から考えて、文書に表わされた意思・観念の主体であって、それに伴う法的・事実的責

1　Next 各論 177 ～ 178 頁〔南部篤〕参照。
2　名義人は文書から作成者と認識される者である、とすると、まず作成者の概念を確定しなければならないところ、これについては、事実説、意思説、効果説、帰属説といった見解があり（山口・各論 436 ～ 439 頁）、混沌としている（山口の整理と、例えば、林・各論 354 ～ 355 頁の整理とはまた異なる）。私見はどれかと問われれば、文書を物理的に自分で作る必要はないとするので事実説ではなく、意思説ないし帰属説に近いもののように思う。
3　法学刑法（4）156 ～ 168 頁〔漆畑貴久、和田光史〕参照。

任を引き受けるべき者であることをいう、と解する。このような名義人が誰であるかは、署名、印影を含む文書の記載を基本に、文書の作成・使用の際に名宛人に与えられた情報を基にして決定される。また、「作成」とは、現実に当該文書を作成すること（意思・観念を表わすこと）をいう。もとより、物理的に自分の手で作る必要はなく、秘書にタイプやコピーをさせて文書を現出させるというのも作成にあたる。名義人が文書を作成した場合や、名義人から作成者に作成権限が授与された場合は、作成名義を偽って他人名義の文書を作成したことにはならず、有形偽造にならない。ここから、有形偽造になるか否かは、第一に、名義人と作成者＝行為者とが同一の者か（同一の者であれば有形偽造にならない）、第二に、名義人と作成者＝行為者とが同一の者でないときは、名義人から作成者に作成権限が授与されているか（授与されているときは有形偽造にならない）、によって判断すべきである、と解する。結局、有形偽造とは、「名義人と作成者とが同一の者ではなく、かつ、名義人から作成者に作成権限が授与されていないのに、文書を作成すること」をいう、と解する[4]。

　以下、具体例を示す。「Xは、『100万円借用しました。A』という借用書を作成してBに提出し、100万円を借りた。その際、Xは、自分の本名がXであることをBに説明し、印鑑証明書や住民票も提出した」という場合、名義人は「AことX」であって作成者Xと同一の者であるから、有形偽造にならない。Xが借財の際に「A」と自称した、というだけのことである。これに対して、「Xは、Aに責任を押し付けて100万円を入手しようと考え、Bに対し、Aから窃取した印鑑証明書や住民票を提出するとともに、『100万円借用しました。A』という借用証を作成、提出して、Bから100万円の交付を受けた」という場合は、名義人は「A」であって作成者Xと同一の者ではなく、かつ、AはXに作成権限を授与していないので、有形偽造になる。「Xは、借財が多

4　松原・各論445頁は、「作成権限なく他人名義の文書を作成すること」という有形偽造の定義は、「『作成者』の日常用語例に合致」するものの「『作成権限』の理解次第では有形偽造の成立範囲が不安定になるおそれがある」と評する。その通りであろう。名義人（文書に表わされた意思・観念の主体として、法的・事実的責任を引き受ける者）から作成権限が授与されたかどうかは厳格に認定すべきであり、また、このような意味での作成権限授与が認められれば、それが例えば公序良俗に反するといった理由で有形偽造になる、とすることは避けるべきである。

くて自分の名前では借金ができないので、『君に迷惑をかけることはないから名前を貸してくれ。印鑑証明書と住民票も使わせてくれ』とAに頼み込み、Aの了承を得て、Bに対し、『100万円借用しました。A』という借用証を作成、提出して、Bから100万円の交付を受けた」という場合、Aが自分でBの下に行く代わりに、Xに借用証作成・提出及び関係書類提出を代行させたといえるので、名義人と作成者とが同一の者である、ということになり、有形偽造にならない。仮に、両者が同一の者とは認められないとしても、Aは自分が債務を負うことを覚悟してBに作成権限を授与しているのであるから、やはり有形偽造にならない。

Ⅲ　私見の具体的展開

最判昭和59年2月17日刑集38巻3号336頁の事案をとりあげる。その概要は、「Xは、日本に密入国した後、A名義の外国人登録証を入手し、住所、職業等が真実と一致するよう変更手続きを取りつつ、公私の広い範囲でAと名のって生活してきたものであるところ、再入国許可を取得した上で故国に出国しようと考え、行使の目的をもって、『A』と署名した再入国許可申請書を作成し、入国管理事務所に提出した」というものである。同判決は、「再入国許可申請書は、〔…〕再入国の許可という公の手続内において用いられる文書であり、また、再入国の許可は、申請人が適法に本邦に在留することを前提としているため、その審査にあたっては、申請人の地位、資格を確認することが必要、不可欠のこととされているのである。したがって、再入国の許可を申請するにあたっては、ことがらの性質上、本名を用いて申請書を作成することが要求されて」おり、「前述した再入国許可申請書の性質にも照らすと、本件文書に表示されたAの氏名から認識される人格は、適法に本邦に在留することを許されているAであって、密入国をし、なんらの在留資格をも有しない被告人〔X〕とは別の人格であることが明らかであるから、そこに本件文書の名義人と作成者との人格の同一性に齟齬を生じているというべきである。したがって、被告人は、本件再入国許可申請書の作成名義を偽り、他人の名義でこれを作成、行使したものであり、その所為は私文書偽造、同行使罪にあたると解するのが相当である」とした。

私見によれば、同判決の結論は支持できない。Xは、公私の生活においては

もとより、外国人登録事項の変更の際などにも「A」と自称して、日本国側からも「A」と認識されている者である。再入国許可申請書は、日本への再入国の許可を求める意思を表示したものであり、その意思の主体として責任を引き受ける者、すなわち、名義人は、同申請書の記載、その作成、使用の際に入国管理事務所に与えられた情報から考えて、A（ことX）であり、作成者と同一の者である。よって、有形偽造にならない。

最決平成11年12月20日刑集53巻9号1495頁の事案をとりあげる。その概要は、「Xは、指名手配を受けて逃走中、『A』の名を用いて就職しようと考え、行使の目的をもって、虚偽の氏名、生年月日、住所、経歴等を記載し、Xの顔写真を貼り付けた、押印のあるA名義の履歴書及び虚偽の氏名等を記載した、押印のあるA名義の雇用契約書等を作成して提出した」というものである。同決定は、「私文書偽造罪の本質は、文書の名義人と作成者との間の人格の同一性を偽る点にあると解されるところ」、「これらの文書の性質、機能等に照らすと、たとえ被告人〔X〕の顔写真がはり付けられ、あるいは被告人が右各文書から生ずる責任を免れようとする意思を有していなかったとしても、これらの文書に表示された名義人は、被告人とは別人格の者であることが明らかであるから、名義人と作成者との人格の同一性にそごを生じさせたものというべきである」として、有印私文書偽造、同行使罪の成立を肯定した。

私見によれば、同決定の結論は支持できる。履歴書に表示されている意思・観念は、「私の氏名、本籍地、住所、経歴はここに記載したとおりであり、これを前提に雇用するか否かを判定してください」というものであり、その表示主体として責任を負うべきものは記載した通りの氏名（戸籍上特定するのに用いうる実名）、本籍地、住所、経歴を有する「A」という名の人物（架空人）である。また、雇用契約書の「この内容で雇用契約を締結します」という意思・観念の主体は、前述の「A」という名の人物を表示主体とする履歴書と同時に提出されていることから考えて、やはり、この「A」という名の人物である。したがって、名義人は、（履歴書記載の氏名、本籍地、住所、経歴を有する）「A」という名の人物であって、作成者Xと同一の者ではない。そして、この人物からXに作成権限が授与されているわけではないから、有形偽造になる。

最決昭和45年9月4日刑集24巻10号1319頁の事案をとりあげる。その概

要は、「Ｘらは、学校法人Ａの理事会で、Ｘを理事長に選任する旨、ＸにＸ
を署名人とする議事録を作成する権限を付与する旨の決議がなされていないこ
とを知りながら、行使の目的をもって、Ｘを理事長に選任し、Ｘを議事録署名
人とすることを可決したなどと記載された『理事会決議録』と題する文書を作
成し、その末尾に、理事録署名人Ｘと記名し、Ｘの印を押捺した」というも
のである。同決定は、「他人の代表者または代理人として文書を作成する権限
のない者が、他人を代表もしくは代理すべき資格、または、普通人をして他人
を代表もしくは代理するものと誤信させるに足りるような資格を表示して作成
した文書は、その文書によって表示された意識内容にもとづく効果が、代表も
しくは代理された本人に帰属する形式のものであるから、その名義人は、代表
もしくは代理された本人であると解するのが相当」であり、「右理事会決議録
なる文書は、その内容体裁などからみて、学校法人Ａ理事会の議事録として
作成されたものと認められ、また、理事録署名人という記載は、普通人をして
同理事会を代表するものと誤信させるに足りる資格の表示と認められるもので
あるから、被告人〔Ｘ〕らは、同理事会の代表者または代理人として同理事会
の議事録を作成する権限がないのに、普通人をして、同理事会を代表するもの
と誤信させるに足りる理事録署名人という資格を冒用して、同理事会名義の文
書を偽造したものというべきである」とした。
　私見によれば、同決定の結論は支持できる。理事会決議録に表わされた意
思・観念は、「理事会において、ここに記載したような決議がされた」という
ものであり、同決議録の記載内容からそのような意思・観念の表示主体として
責任を負うべきと認められる者、すなわち、名義人は、理事会ないし学校法人
Ａであり、作成者Ｘと同一の者ではない。そして、名義人は作成者に文書の
作成権限を授与していないので、有形偽造になる。
　最決平成５年10月５日刑集47巻８号７頁の事案をとりあげる。その概要は、
「Ｘは、第二東京弁護士会に所属する弁護士が自分と同姓同名であることを利
用して、同弁護士であるかのように装っていた。Ｘは、Ｘを弁護士と信じて仕
事を依頼したＡから報酬を得ようと考え、行使の目的をもって、『第二東京弁
護士会所属、弁護士Ｘ』と記載し押印した『弁護士報酬金請求について』と題
する書面、『Ｘ法律事務所大阪出張所、第二東京弁護士会所属、弁護士Ｘ』と

第29章　文書の有形偽造　　**179**

記載し押印した振込依頼書、『Ｘ法律事務所（大阪事務所）、弁護士Ｘ』と記載し押印した請求書及び領収証、『Ｘ法律税務事務所大阪出張所、弁護士Ｘ』と記載し押印した『経過報告書』と題する書面を作成した」というものである。同決定は、「被告人〔Ｘ〕は、自己の氏名が第二東京弁護士会所属の弁護士Ｘと同姓同名であることを利用して、同弁護士になりすまし、『弁護士Ｘ』の名義で本件各文書を作成したものであって、たとえ名義人として表示された者の氏名が被告人の氏名と同一であったとしても、本件各文書が弁護士としての業務に関連して弁護士資格を有する者が作成した形式、内容のものである以上、本件各文書に表示された名義人は、第二東京弁護士会に所属する弁護士Ｘであって、弁護士資格を有しない被告人とは別人格の者であることが明らかであるから、本件各文書の名義人と作成者との人格の同一性にそごを生じさせたものというべきである」として、有印私文書偽造罪の成立を肯定した。

　私見によれば、同決定の結論は支持できない。本件各書類は、Ａから依頼された仕事の報酬に関し、「報酬額はこのようなものであるから支払ってほしい」等の意思・観念を表示したものであり、各書類の記載及び作成・使用の際にＡに与えられていた情報から、名義人は、弁護士であると称して、仕事を現実に処理した、Ｘであると認められる。名義人と作成者が同一の者である以上、有形偽造にならない。

　最決平成15年10月6日刑集57巻9号987頁の事案をとりあげる。その概要は、「Ｘは、行使の目的をもって、ジュネーブ条約に基づく発給権限を有する団体のみ発給できる国際運転免許証に酷似した文書（表紙に英語で『国際旅行連盟』と刻された印章様のものが印字され、発給者は『国際旅行連盟』であると認められるもの）を、（国際旅行連盟には前記発給権限のないことを認識しつつ）国際旅行連盟の委託を受けて作成した」というものである。同決定は、「本件文書の記載内容、性質などに照らすと、ジュネーブ条約に基づく国際運転免許証の発給権限を有する団体により作成されているということが、正に本件文書の社会的信用性を基礎付けるものといえるから、本件文書の名義人は、『ジュネーブ条約に基づく国際運転免許証の発給権限を有する団体である国際旅行連盟』であると解するべき」であり、国際旅行連盟が同条約に基づき同発給権限を与えられた事実がない以上、Ｘの行為は「文書の名義人と作成者の人格の同一性を偽るもので

ある」として、有印私文書偽造罪の成立を肯定した。

　私見によれば、同決定の結論は支持できる。本件文書に表示された意思・観念は、「有効な国際運転免許を与える」といったものであり、発給権限のない者に有効な免許を与えることはできないから、名義人は「発給権限を有する団体である国際旅行連盟」である。Xに委託した団体と同一の者ではなく、名義人から作成権限を授与されていない以上、有形偽造になる。

　最決昭和56年4月8日刑集35巻3号57頁の事案をとりあげる。その概要は、「運転免許停止処分を受けたXは、Aから『免許がなかったら困るだろう。俺が免許証をもっているから、俺の名前をいったら』といわれて、Aの本籍、住所、氏名、生年月日を書いた紙の交付を受けた。Xは、運転した際に警察官から免許証の提示を求められ、『家に忘れて来ました』といってAの氏名等を伝え、行使の目的をもって、交通事件原票中の供述書欄（「私が上記違反をしたことは相違ありません。事情は次のとおりであります。」と印字された行の下）に『A』と署名して、警察官に提出した」というものである。同決定は、「交通事件原票中の供述書は、その文書の性質上、作成名義人以外の者がこれを作成することは法令上許されないものであって、右供述書を他人の名義で作成した場合は、あらかじめその他人の承諾を得ていたとしても、私文書偽造罪が成立すると解すべきである」とした。

　私見によれば、同決定の結論は支持できない。名義人は、Xが警察官に述べた本籍、住所等のAであって、Xと同一の者ではない。しかし、Aは、Xに、取締にあったときの供述書作成についても同意し作成権限を授与していると認められるから、有形偽造にはならない。交通取締上問題があっても、現実に作成権限が授与されている以上、これを有形偽造にすることはできない[5]。

5　松原・各論450頁は、このような事案の処罰が不可欠であるとすれば、交通事件原票虚偽記入罪を設けることで対処すべきである、とする。

第29章　文書の有形偽造　　**181**

第30章　103条の「罪を犯した者」と「隠避」

I　課題の設定

　ここでの課題は、「103条の『罪を犯した者』及び『隠避』とは、どのようなものをいうのか」というものである[1]。

　「罪を犯した者」については、「嫌疑により捜査中の者であれば（真犯人でなくても）これにあたるのか」（問1）、「嫌疑により捜査の対象となっていない者は（真犯人であろうとなかろうと）これにあたらないのか」（問2）、「既に逮捕・勾留されている者は、これにあたらないのか」（問3）といった問いを立てることができる。「隠避」については、問3と関連して、「逮捕・勾留されている者について現になされている身柄拘束を免れさせるような行為は、『隠避』にあたるか」（問4）という問いを立てることができる。ここでは、例えば、身代わり犯人として出頭し、勾留されている者を釈放させることが「隠避」にあたるか、ということが問題になる。後掲の各判例は、103条の罪（以下、「本罪」という）の成立を肯定する方向に解釈している。しかし、このような解釈は、条文の文言を重視する解釈、あるいは、文理解釈という観点から、問題がある。

II　私見の提示

　「罪を犯した者」の日常用語的語義は、実際に罪を犯した者、すなわち、真犯人を意味する。これに、「罪を犯したと疑われる者」が含まれると解することはできない。この点、真犯人説（真犯人に限定する説）には支持できるものがある。このような考えに対しては、①真犯人ではない被疑者を蔵匿・隠避すれば司法作用が害されるのではないか、②真犯人であることを本罪の審理過程で立証することは困難ではないか、③本罪についての有罪判決が確定した後で被蔵匿者が無罪になると再審をしなければならなくなるのではないか、④真犯人でないと思ったときには本罪の故意が認められないことになるのではないか、といった批判が加えられる。しかし、①に対しては、厳格解釈の要請から、い

1　Next 各論 245 〜 246 頁〔野村和彦〕参照。

かに司法作用が害されても文言の日常用語的語義を逸脱した解釈をすることはできない、②に対しては、真犯人であることの立証が特段困難であるとはいえないし、そもそも、立証困難性は厳格解釈の要請に反することを正当化しえない、③に対しては、当然、再審事由になる、④に対しては、真犯人説を前提とすると本罪の故意の認定が特段困難になるとはいえないし、そもそも、故意の立証・認定が困難であることは厳格解釈の要請に反することを正当化しえない、といった反論が可能である。

　ただ、真犯人説を形式的に適用すると、捜査機関の嫌疑の程度のいかんを問わず（極端な場合として、捜査が始まっていない段階でも）真犯人であれば本罪の客体になる、ということになる。しかし、一定程度の嫌疑がかけられていない者の蔵匿・隠避によって本罪の保護する司法作用が害されるとは考え難い。また、刑事訴訟法198条1項には、「被疑者は、逮捕又は勾留されている場合を除いては、出頭を拒み、又は出頭後、何時でも退去することができる」と、逮捕・勾留されていない被疑者に出頭義務がないことが明記されている。出頭義務がない者を蔵匿・隠避して本罪に問われる、というのは不合理である。本罪の規定に「拘禁中に逃走した者」が客体として並記されていることを併せて考え、「罪を犯した者」とは、「真犯人であり、かつ、（逮捕による）身柄拘束直前の客観的嫌疑が認められる者」をいう、と解する[2]。問1、問2の解答は、「あたらない」というものになる[3]。問3については、逮捕・勾留されているということは、前述したような客観的嫌疑が認められる者であることを意味するから、「真犯人であれば、あたる」と解答することになる。したがって、逮捕・勾留された者が（客観的嫌疑が認められる状態で）いったん釈放された後、これを蔵匿・隠避すれば本罪に問われうる。ただし、捜査機関に対し虚偽供述をするなどして逮捕・勾留されている者を釈放させようとする行為は、次に述べるよう

2　設楽裕文＝坂井愛「刑法の解釈と自由の保障」法学紀要49巻127頁以下（2008年）の142 ～ 145頁参照。
3　百選Ⅱ243頁〔大山徹〕は、私見などの捜査開始前の真犯人等は本罪の客体とならないとする見解に対し、「官憲に発覚する前に知人から犯罪事実を告白され知人を蔵匿した者などは捜査の端緒が得られることを妨害しており、犯人蔵匿罪の成立を肯定しても何ら差し支えないといえる」とする。しかし、本罪は、「蔵匿」、「隠避」を処罰していることから、犯人の発見と身柄拘束を妨げる罪と解されるべきであり、捜査の端緒が得られることを妨げる罪とまで拡張して理解することはできない、と思う。

に、「隠避」にあたらないと考える。

　「隠避」の日常用語的語義は、「発見されないようにすること」であり、大判昭和 5 年 9 月 18 日刑集 9 巻 668 頁さえ、隠避とは、「蔵匿以外の方法により官憲の発見逮捕を免れしむべき一切の行為」をいう旨述べている。既に捜査機関に発見されて逮捕・勾留されている者が釈放されるよう働きかける行為は、釈放が実現する可能性の程度にかかわらず、「隠避」にはあたらない。このように考えただけでも、問 4 の解答は「あたらない」というものになる。さらに、「蔵匿」と並べて「隠避」が規定されていることから、「隠避」とは、「犯人に対し蔵匿と同程度の援助をして、捜査機関による発見逮捕を免れさせること」をいう、と解する。例えば、潜伏するのに適当な場所の紹介や逃走方法の具体的教示、逃走・潜伏に不可欠な金員の提供、といったものは、類型性評価、危険性評価により本罪の「隠避させ」る行為に該当するものの、単に「昨日刑事が来た。こちらには近づくな」とか「逃げた方がいい」と申し向ける程度では、これに該当しないと考える[4]。

Ⅲ　私見の具体的展開

　最判昭和 24 年 8 月 9 日刑集 3 巻 9 号 1440 頁の事案をとりあげる。その概要は、「X は、恐喝事件の被疑者として逮捕状を発付され逃走中の A を、少なくとも罰金以上の刑にあたる罪を犯した嫌疑を受けて逮捕のため当局から追われている者であることを承知しつつ、逮捕から免れさせるため、蔵匿した」というものである。同判決は、「刑法第 103 条は司法に関する国権の作用を妨害する者を処罰しようとするのであるから、『罪ヲ犯シタル者』は犯罪の嫌疑によって捜査中の者をも含むと解釈しなくては、立法の目的を達し得ない」として、本罪の成立を肯定した。

　私見によれば、同決定の解釈論は支持できないものの、A は、真犯人であり、

4　大判昭和 5 年 9 月 18 日刑集 9 巻 668 頁は、留守宅の状況等を知らせる行為を「隠避」にあたる旨判示しており、問題がある。これに対して、大阪高判昭和 59 年 7 月 27 日高刑集 37 巻 2 号 377 頁は、「〔隠避せしめる、は〕蔵匿との対比においてそれと同程度に『官憲の発見逮捕を免れしむべき行為』、つまり逃げかくれさせる行為または逃げかくれするのを直接的に容易にする行為に限定されると解するのが相当であり、それ自体は隠避させることを直接の目的としたとはいい難い行為の結果間接的に安心して逃げかくれできるというようなものまで含めるべきではない」として、犯人の内妻への資金援助は「隠避させた」にはあたらない旨判示しており、支持できる。

かつ、逮捕状が発付されていることから身柄拘束直前の客観的嫌疑が認められる者であって、本罪の客体となるので、本罪の成立を肯定した結論は支持できる。

最判昭和28年10月2日刑集7巻10号1879頁の事案をとりあげる。その概要は、「Xは、Aが罰金以上の刑にあたる罪を犯した者であることを知りながら、Aを自宅に匿った」というものである。同判決は、「真に罰金以上の刑にあたる罪を犯した者であることを知りながら、官憲の発見、逮捕を免れるように、これをかくまった場合には、その犯罪がすでに捜査官憲に発覚して捜査が始まっているかどうかに関係なく、犯人蔵匿罪が成立するものと解すべきである」として、本罪の成立を肯定した。

私見によれば、同判決の解釈論及び結論は支持できない。捜査自体始まっていない段階では、本罪の実行により害されるべき司法作用が現実に存在しない。将来存在する可能性のある司法作用を妨害する危険があるから本罪の成立を肯定する、という考えもありうるけれど、本罪の守備範囲を広げ過ぎるものであり、解釈論として是認できない。

最決平成元年5月1日刑集43巻5号405頁の事案をとりあげる。その概要は、「Xは、Aが殺人未遂の被疑事実により逮捕されたことを知り、Aに訴追・処罰を免れさせるべく身代わり犯人を立てようと考え、Bを唆して、身代わり犯人として警察署に出頭させ、Bが犯人である旨の虚偽の陳述をさせた」というものである。同決定は、「刑法103条は、捜査、審判及び刑の執行等広義における刑事司法の作用を妨害する者を処罰しようとする趣旨の規定であって〔…〕、同条にいう『罪ヲ犯シタル者』には、犯人として逮捕勾留されている者も含まれ、かかる者をして現になされている身柄の拘束を免れさせるような性質の行為も同条にいう『隠避』に当たると解すべきである」として、本罪の教唆犯の成立を肯定した。

5　第一審判決（福岡地小倉支判昭和63年1月28日刑集43巻5号410頁）は、103条の文言を丁寧に検討して、同条は既に逮捕勾留されている者を「隠避せしめる」ことは予定していない、また、身柄拘束状態に変化を及ぼしていないのに「隠避せしめた」ことになるというのは言葉の解釈上無理があるから、身柄確保状態が続いている限り、証拠隠滅罪への問擬が問題とされることはあっても、「隠避せしめた」ということになることはない、といった結論を導いている。この解釈は、文言を重視した妥当なものであり、支持できる。

私見によれば、同決定の結論は支持できない。Aは行為当時捜査機関に発見されて勾留されているのであり、いかなる行為によっても発見逮捕を免れさせることはできない。Bの所為は本罪に該当しない[5]。

　最決平成29年3月27日刑集71巻3号183頁の事案をとりあげる。その概要は、「Xは、普通自動二輪車（カワサキZEPHYR）を運転して自動車運転過失致死罪及び道路交通法違反の罪を犯したAと話し合って、同二輪車は盗まれたことにする旨の口裏合わせをし、Aが逮捕され勾留された後、参考人として警察官に取り調べられた際に、『Aがゼファーという単車に実際に乗っているのを見たことはない。Aはゼファーという単車を盗まれたといっていた』などの嘘をいい、犯人はAではなく別人であるとする虚偽の説明をした」というものである。同決定は、「被告人〔X〕の行為は、刑法103条にいう『罪を犯した者』をして現になされている身柄の拘束を免れさせるような性質の行為と認められるのであって、同条にいう『隠避させた』に当たると解するのが相当である」として、本罪の成立を肯定した。

　私見によれば、同決定の結論は支持できない。Xの行為は「隠避させた」には該当せず、本罪は成立しない。身代わり犯人の場合も含めて、捜査機関に対し、被疑者・被告人に有利な虚偽の陳述をする行為の評価は、証拠偽造罪の守備範囲に属する。そもそも本罪による処罰が予定されている行為ではない。刑法が103条の罪（本罪）と104条の罪（証拠隠滅等罪）とを別個に規定している趣旨を没却するような解釈は、是認できない。

第31章　197条1項の「その職務に関し」

Ⅰ　課題の設定

ここでの課題は、197条1項の「『その職務に関し』とは、どのようなものをいうのか」というものである[1]。これについては、「現在担当している職務に限るのか、過去に担当した職務や将来担当しうる職務は含まれるのか」という時間的広がりの問題、「職務密接関連行為は含まれるのか」、「不正ないし違法な行為は含まれるのか」、「中核的な職務、あるいは、当該公務員が決定権を有するものに限るのか」といった、同一時点における広がりの問題を想定することができる。また、「『関し』とは、職務と何らかの関係があることをいうのか、職務行為と対価関係のあることをいうのか」という問題もある。これらは、賄賂の罪の罪質ないし保護法益をどのように考えるか（信頼性説か純粋性説か）、にも関わる。

Ⅱ　私見の提示

時間的広がりの問題について考察する。

公務員となろうとする者の収賄については197条2項が、公務員であった者の収賄については197条の3第3項が、それぞれ規定していることから、197条1項は、現に公務員である者の収賄について規定したものである、と解する。

さらに、197条の3第1項が「よって不正な行為をし、又は相当の行為をしなかったとき」と197条1項の罪の加重類型を規定していることから、197条1項の罪は、不正な行為・不相当な不作為をする前段階の、こうした行為をする危険のある所為を犯罪類型としたものである、といえる。そして、197条の3第2項が、不正な行為・不相当な不作為の後の収賄を別個の犯罪類型として規定していることから、197条1項は、公務員が、現在担当しているか又は将来担当する蓋然性が高い職務について、将来職務上不正な行為・不相当な不作為がされる危険のある収賄をすることを処罰する規定である、と解する。した

1　Next 各論 261 ～ 263 頁〔野村和彦〕、現代 315 頁以下〔漆畑貴久〕、参照。

189

がって、「その職務」は、現在担当しているか将来担当する蓋然性が高い職務に限定される。過去に担当した職務は、（再度将来担当する蓋然性が高い場合は別として）除かれる。もとより、職務を担当している時点で賄賂の約束がなされれば、担当しなくなってから賄賂を収受しても 197 条 1 項の罪に問われることになる。約束が認定できない場合（公務員が将来賄賂を収受できるだろうと一方的に期待していたに止まるような場合）は、197 条 1 項の罪には該当しない[2]。

なお、収賄罪が賄賂により職務の公正を害する罪である以上、その職務に「関し」とは、職務に何らかの関係があるということではなく、賄賂により職務の公正が害されるように、ということ、すなわち、対価関係のあることを意味する、と解する[3]。

同一時点における広がりの問題について考察する。

197 条 1 項には「その職務」に関し、と規定されており、「その職務及びこれに密接に関係する行為」に関し、などと規定されているわけではない以上、「職務」とは別の「職務密接関連行為」といったものが「職務」にあたるとすることはできない。あくまで、「職務（行為）」とそうでないものとの境界設定

2　西田・各論 523 頁は、①過去の不正な職務行為や過去のあっせん行為についても 197 条の 3 第 2 項や 197 条の 4 が処罰していること、②過去の職務と賄賂とが対価関係に立つことにより、職務の公正が害されたのではないかという疑念を抱かせ、同時に、現在の職務についての社会一般の信頼をも害することから、過去の職務について収賄した場合も収賄罪が成立する、とする。しかし、197 条の 3 第 2 項や 197 条の 4 がわざわざ設けられていることは、197 条 1 項の「職務」に過去の職務が含まれないことを意味する、といえるし、因果的に職務の公正が害される危険がないのに、疑念を抱かせるとか社会一般の信頼を害するとかいったことから収賄罪の成立範囲を拡張するべきではない、と考える。山口・各論 610 ～ 612 頁にあるように、賄賂の罪全体については、純粋性説を貫徹することはできないのかも知れない。しかし、197 条 1 項、197 条の 3 第 1 項は純粋性説になじむし、社会一般の信頼は職務の公正に対する信頼なのだから、純粋性説を基本としなければならない。なお、純粋性説を基本とする林・各論 443 頁は、将来の職務の公正に対する危険が認められることから過去の職務行為に対する利益供与も賄賂罪となる、とする。しかし、そのようにいえるのは、将来の職務行為に対するものとして利益供与がされた場合であって、結局、過去の職務行為について 197 条 1 項の罪の成立を肯定する必要はない、ということになるのではないか、と思う。また、山口・各論 612 頁は、「想定された賄賂による職務行為への影響」が職務行為後の賄賂授受を処罰する根拠となるとする。しかし、職務行為前に賄賂の約束がなされた場合なら純粋性説によっても処罰を基礎づけられるし、約束がされていないのに職務行為後に賄賂が授受されれば処罰するというのは、197 条 1 項の解釈としては無理があるように思う。

3　林・各論 444 頁、山口・各論 617 頁、参照。

が試みられるべきであり、「職務密接関連行為」と「職務密接関連行為ではないもの」との境界を問題にするべきではない。これを前提に、日常用語的語義から考えると、「その職務」とは、公務員の職務であり、「公務員がその地位に伴い公務として取り扱うべき一切の執務」[4]といったものになる。「職務」にあたるためには、このような意味での「公務性」が必要である。公務の公正に事実上影響を及ぼすものでも、公務性に欠けるものは、「その職務」にあたらない。例えば、「Xは、裁判官Aの担当する民事訴訟を有利に進めようと思い、Aと個人的に親しい警察官Yに対し、Aに進言してくれるよう頼んで現金を贈った」という場合、Yは、その職務に関し賄賂を収受したとはいえないから、収賄罪に問われない。

また、197条の3第1項が「不正な行為」をした場合を加重処罰していることから、本来、公務員の権限に含まれず、その意味では公務としてなしえない、不正ないし違法な行為であっても公務員がその地位に伴っておこなうものであれば公務性が認められ、「その職務」にあたる、といえる。例えば、「Xは、警察官Yに現金を贈って、Aに対し『今度Xに逆らったら逮捕するからな』と申し向けさせて脅迫した」という場合、Yは脅迫罪のほかに収賄罪に問われることになる。

中核的な事務や当該公務員が決定権を有する事務でなくても、公務性が認められ、贈賄が公務の公正に影響を及ぼすものであれば、「その職務」にあたりうる。例えば、「Xは、甲委員会に属する衆議院議員Yに、乙委員会に属する議員Aを法案が可決されないよう説得することを依頼して、現金を贈った」という場合、議員の職務には、議案を検討し、他の議員と協議して、可決又は不可決に向けて説得等の活動をすることが含まれるから、Xの依頼事項はYの「職務」に含まれる。したがって、Yは収賄罪に問われることになる[5]。「Xは、検察官Yに、Yと同じ刑事部に属する検察官Aの担当している事件について、不起訴処分をするよう助言・指導をすることを依頼して、現金を贈った」とい

4　最判昭和28年10月27日刑集7巻10号1971頁参照。

5　最決昭和63年4月11日刑集42巻4号419頁は、衆議院大蔵委員会で審査中の石油ガス税法案が、廃案になるか、ハイヤータクシー業者に有利に修正されるよう同委員会委員を含む他の議員を説得等することを依頼して、同委員会委員ではない議員に全員を供与することは、同議員の職務に関してなされた賄賂の供与というべきである、とする。

第31章　197条1項の「その職務に関し」　**191**

う場合も、検察官の職務には、自己の担当している事件について処分を決定することのみならず、他の検察官にその担当している事件について助言・指導することも含まれるから、Ｘの依頼事項はＹの「職務」に含まれ、Ｙは収賄罪に問われることになる。また、「Ｘは、Ａが代表取締役をしている会社の監督官庁の職員Ｙに、同社がＸの製品を購入するよう指導することを依頼して、現金を贈った」という場合は、監督官庁の職員の職務には、監督下にある民間企業を指導することが含まれるから、Ｘの依頼事項はＹの「職務」に含まれ、Ｙは収賄罪に問われることになる。これに対して、「Ｘは、警察署長Ｙに、同署の管轄地域内で書店を経営しているＡがＸの製造した書架を購入するよう指導することを依頼して、現金を贈った」という場合は、書店における書架の購入につき指導することは警察署長の「職務」に属するとはいえないから、Ｙの指導の影響力が大きくても、Ｙは収賄罪に問われない。

　以上をまとめる。197条1項の「その職務に関し」は、「公務員が現在担当しているか、将来担当する蓋然性が高い、公務性（公務員がその地位に伴う公務として取り扱うものである、という性質）を有し、賄賂により、不正な行為・不相当な不作為を誘発し公務の公正を害するものとなる危険性を有する事務の対価として」ということを意味する、と解する。

Ⅲ　私見の具体的展開

　最決昭和58年3月25日刑集37巻2号170頁の事案をとりあげる。その概要は、「Ａ県職員であるＸは、同県建築部建築振興課宅建業係長として宅地建物取引業者に対する指導監督、同県宅地建物取引業協会に対する指導助言などの職務に従事していたものであるところ、同県住宅供給公社に出向となり、同公社開発部参事兼開発課長となってから、同協会の指導等につき便宜な取計らいを受けたことの謝礼の趣旨で、Ｙから現金の供与を受けた」というものである。同決定は、「公務員が一般的職務権限を異にする他の職務に転じた後に前の職務に関して賄賂を供与した場合であっても、右供与の当時受供与者が公務員である以上、贈賄罪が成立するものと解するべきである」とした。

　私見によれば、同決定の結論は支持できない。一般的職務権限を異にするようになれば、Ｘが宅建業係長としての職務を担当する蓋然性が高いとはいえず、現金供与が過去の職務行為に対するものである以上、少なくとも197条1項、

197 条の 3 第 1 項の収賄罪に対応する贈賄罪の成立は肯定できない。

最決昭和 59 年 5 月 30 日刑集 38 巻 7 号 2682 頁の事案をとりあげる。その概要は、「X は、文部大臣の任命により同大臣の諮問に応じて大学の設置の認可等に関する事項を調査審議する大学設置委員会の委員をし、同時に同審議会内の歯学専門委員会（歯科大学の専門課程における教育の資格等を審査する委員会）の委員をしていたものであるところ、Y から、A 歯科大学の設置認可申請の調査審議に関して、各教員予定者の適否を同専門委員会の審査基準に従って予め判定したり、同専門委員会の中間的審査結果を正式通知前に知らせたりしたことの報酬として、現金の供与を受けた」というものである。同決定は、X の各行為は「右審議会の委員であり且つ右専門委員会の委員である者としての職務に密接な関係のある行為というべきであるから、これを収賄罪にいわゆる職務行為にあたるとした原判断は、正当である」とした。

私見によれば、同決定の結論は支持できる。同専門委員会の審査基準に従って認可されるか否かを判定したり中間的審査結果についての情報を提供することは、公務性を有し、賄賂により公務の公正を害することになる危険性を有する事務であって、X の職務に属する、といえる。

最大判平成 7 年 2 月 22 日刑集 49 巻 2 号 1 頁の事案をとりあげる。その概要は、「内閣総理大臣 X は、A 社製の航空機（L1011 型機）を航空会社 B に売り込もうとしている Y らから、B に同機の購入を勧奨する行政指導をするよう運輸大臣を指揮すること（及び X 自ら B に同趣旨の働きかけをすること）を依頼されて、現金の供与を受ける約束をし、その後、B が同機の購入を決定したので、同供与を受けた」というものである。同判決は、「X が内閣総理大臣として運輸大臣に対し B に L1011 型機の選定購入を勧奨するよう働き掛ける行為が、X の内閣総理大臣としての職務権限に属する行為であるというためには、右行為が、X が運輸大臣を介して B に働き掛けるという間接的なものであることからすると、(1)運輸大臣が B に L1011 型機の選定購入を勧奨する行為が運輸大臣の職務権限に属し、かつ、(2)内閣総理大臣が運輸大臣に対し右勧奨をするよう働き掛けることが内閣総理大臣の職務権限に属することが必要であると解される」として、(1)(2)について検討した上、いずれについても肯定し、「以上検討したところによれば、運輸大臣が B に対し L1011 型機の選定購入を勧奨する

第 31 章　197 条 1 項の「その職務に関し」　***193***

行為は、運輸大臣の職務権限に属する行為であり、内閣総理大臣が運輸大臣に対し右勧奨行為をするよう働き掛ける行為は、内閣総理大臣の運輸大臣に対する支持という職務権限に属する行為ということができるから、Ｘが内閣総理大臣として運輸大臣に前記働き掛けをすることが、賄賂罪における職務行為に当たるとした原判決は、結論において正当として是認することができるというべきである」とした。

　私見によれば、同判決の結論は支持できる。行政各部を指揮監督する権限を有する内閣総理大臣の職務には、行政各部に対し、その所掌事務について一定の方向で処理するよう指導、助言等をすることが含まれる。本件の運輸大臣に対する航空機選定購入を勧奨する行政指導をするよう働きかける行為は、Ｘの職務に属する、といえる。

　最決平成17年3月11日刑集59巻2号1頁の事案をとりあげる。その概要は、「警視庁の警部補Ｘは、同庁調布警察署地域課に所属し犯罪の捜査等の職務に従事していたものであるところ、公正証書原本不実記載等の事件につき同庁多摩中央警察署長に対し告発状を提出していたＹから、同事件について、告発状の検討、助言、捜査情報の提供、捜査関係者への働きかけなどの有利かつ便宜な取計らいを受けたいとの趣旨の下に供与されるものであることを知りながら、現金の供与を受けた」というものである。同決定は、「警察法64条等の関係法令によれば、同庁警察官の犯罪捜査に関する職務権限は、同庁の管轄区域である東京都の全域に及ぶと解されることなどに照らすと、被告人〔Ｘ〕が、調布警察署管内の交番に勤務しており、多摩中央警察署刑事課の担当する上記事件の捜査に関与していなかったとしても、被告人の上記行為は、その職務に関し賄賂を収受したものであるというべきである」として、197条1項前段の収賄罪の成立を肯定した。

　私見によれば、同決定の結論は支持できる。警察法64条は管轄区域内における警察官の職権行使を認めており、Ｘは、同区域内の事件について告発状を受理して捜査することができる。前述の行為は、Ｘの「職務」に属する、といえる。

　最決平成22年9月7日刑集64巻6号865頁の事案をとりあげる。その概要は、「北海道開発庁の長官であるＸは、Ａ社代表取締役Ｙらから、同庁の地

方支部局である北海道開発局の開発建設部が発注する予定の港湾工事をＡ社が受注できるよう同局の港湾部長に働きかけてほしい旨の請託を受け、報酬として現金の供与を受けた（当時、競争入札が予定される工事については、落札すべき工事業者を港湾部長が指名し、各開発建設部の職員を介して業者側に通知することが常態化していた）」というものである。同決定は、Ｘが港湾部長に働きかける行為は「職員に対する服務統督権限を背景に、予算の実施計画作製事務を統括する職務権限を利用して、職員に対する指導の形を借りて行われたものであり、また、被告人〔Ｘ〕には港湾工事の実施に関する指揮監督権限はないとしても、その働き掛けた内容は、予算の実施計画において概要が決定される港湾工事について競争入札を待たずに工事請負契約の相手方である工事事業者を事実上決定するものであって、このような働き掛けが金銭を対価に行われることは、北海道開発庁長官の本来的職務として行われる予算の実施計画作製の公正及びその公正に対する社会の信頼を損なうものである。したがって、上記働き掛けは、北海道開発庁長官の職務に密接な関係のある行為というべきである。なお、所論は、談合に関わる行為は正当な職務行為としておよそ行い得ない違法な類型の行為であるから、職務に密接な関係のある行為とはなり得ない旨主張するが、当該行為が密接関連行為に当たるかどうかは上記のように本来の職務との関係から判断されるべきものであり、その行為が所論のいうような違法な行為であることによってその判断は直ちに左右されないと解するのが相当であ〔る〕」として、受託収賄罪の成立を肯定した。

　私見によれば、同決定の結論は支持できる。Ｘは、予算作製実施計画事務を統括する権限に基づいて、職員に対する指導を公務としておこなえる立場にあり、同指導として港湾部長に働きかけることは、Ｘの「職務」に含まれる。職務密接関係行為を持ち出すまでもなく、本件においては受託収賄罪の成立が肯定される。また、前述したように、不正ないし違法な行為であっても職務行為にあたりうるのであるから、Ｘの働きかけが違法なものであることは、同罪の成立を妨げない。

第31章　197条1項の「その職務に関し」　**195**

判例索引

最高裁判所

最判昭和 23 年 6 月 5 日刑集 2 巻 7 号 641 頁	139
最判昭和 23 年 9 月 21 日刑集 2 巻 10 号 1213 頁	85
最判昭和 24 年 8 月 9 日刑集 3 巻 9 号 1440 頁	185
最判昭和 25 年 7 月 4 日刑集 4 巻 7 号 1168 頁	139
最判昭和 26 年 7 月 13 日刑集 5 巻 8 号 1437 頁	141
最決昭和 27 年 7 月 10 日刑集 6 巻 7 号 876 頁	171
最判昭和 27 年 12 月 25 日刑集 6 巻 12 号 1387 頁	42
最判昭和 28 年 10 月 2 日刑集 7 巻 10 号 1879 頁	186
最判昭和 28 年 10 月 27 日刑集 7 巻 10 号 1971 頁	191
最判昭和 30 年 4 月 8 日刑集 9 巻 4 号 827 頁	131
最判昭和 32 年 9 月 13 日刑集 11 巻 9 号 2263 頁	132
最大判昭和 33 年 5 月 28 日刑集 12 巻 8 号 18 頁	82
最判昭和 33 年 9 月 9 日刑集 12 巻 13 号 2882 頁	50
最判昭和 33 年 11 月 21 日刑集 12 巻 15 号 3519 頁	113-4
最決昭和 34 年 9 月 28 日刑集 13 巻 11 号 2993 頁	149
最決昭和 45 年 9 月 4 日刑集 24 巻 10 号 1319 頁	178
最判昭和 46 年 6 月 17 日刑集 25 巻 4 号 567 頁	54
最判昭和 46 年 11 月 16 日刑集 25 巻 8 号 996 頁	63
最大判昭和 50 年 9 月 10 日刑集 29 巻 8 号 489 頁	13-4
最判昭和 51 年 4 月 30 日刑集 30 巻 3 号 453 頁	5
最決昭和 52 年 7 月 21 日刑集 31 巻 4 号 747 頁	63
最決昭和 53 年 3 月 22 日刑集 32 巻 2 号 381 頁	54
最決昭和 53 年 5 月 31 日刑集 32 巻 3 号 457 頁	59
最判昭和 53 年 7 月 28 日刑集 32 巻 5 号 1068 頁	78
最決昭和 55 年 10 月 30 日刑集 34 巻 5 号 357 頁	143
最決昭和 55 年 11 月 13 日刑集 34 巻 6 号 396 頁	58
最決昭和 56 年 4 月 8 日刑集 35 巻 3 号 57 頁	181
最決昭和 57 年 7 月 16 日刑集 36 巻 6 号 695 頁	83
最決昭和 58 年 3 月 25 日刑集 37 巻 2 号 170 頁	192
最決昭和 58 年 9 月 21 日刑集 37 巻 7 号 1070 頁	43
最決昭和 58 年 11 月 1 日刑集 37 巻 9 号 1341 頁	126
最判昭和 59 年 2 月 17 日刑集 38 巻 3 号 336 頁	177
最決昭和 59 年 5 月 30 日刑集 38 巻 7 号 2682 頁	193
最大判昭和 60 年 10 月 23 日刑集 39 巻 6 号 413 頁	15
最決昭和 61 年 11 月 18 日刑集 40 巻 7 号 523 頁	138
最決昭和 62 年 3 月 26 日刑集 41 巻 2 号 182 頁	79
最決昭和 63 年 2 月 29 日刑集 42 巻 2 号 314 頁	107
最決昭和 63 年 4 月 11 日刑集 42 巻 4 号 419 頁	191
最決平成元年 5 月 1 日刑集 43 巻 5 号 405 頁	186
最決平成元年 6 月 26 日刑集 43 巻 6 号 567 頁	93, 95

最判平成元年 9 月 19 日刑集 43 巻 8 号 785 頁	16
最決平成 2 年 11 月 20 日刑集 44 巻 8 号 837 頁	55
最決平成 5 年 10 月 5 日刑集 47 巻 8 号 7 頁	179
最判平成 6 年 12 月 6 日刑集 48 巻 8 号 509 頁	94
最大判平成 7 年 2 月 22 日刑集 49 巻 2 号 1 頁	193
最判平成 8 年 2 月 8 日刑集 50 巻 2 号 221 頁	8
最判平成 9 年 6 月 16 日刑集 51 巻 5 号 435 頁	69
最決平成 10 年 7 月 10 日刑集 52 巻 5 号 297 頁	17
最決平成 11 年 12 月 20 日刑集 53 巻 9 号 1495 頁	178
最判平成 13 年 7 月 19 日刑集 55 巻 5 号 371 頁	150
最決平成 13 年 10 月 25 日刑集 55 巻 6 号 519 頁	43
最決平成 14 年 7 月 1 日刑集 56 巻 6 号 265 頁	169, 173
最決平成 15 年 2 月 18 日刑集 57 巻 2 号 161 頁	162
最決平成 15 年 5 月 1 日刑集 57 巻 5 号 507 頁	84
最決平成 15 年 7 月 16 日刑集 57 巻 7 号 950 頁	55
最決平成 15 年 10 月 6 日刑集 57 巻 9 号 987 頁	180
最決平成 16 年 1 月 20 日刑集 58 巻 1 号 1 頁	44, 114-5
最決平成 16 年 3 月 22 日刑集 58 巻 3 号 187 頁	27, 32
最判平成 16 年 9 月 10 日刑集 58 巻 6 号 524 頁	163
最決平成 16 年 11 月 30 日刑集 58 巻 8 号 1005 頁	144
最決平成 17 年 3 月 11 日刑集 59 巻 2 号 1 頁	194
最決平成 17 年 7 月 4 日刑集 59 巻 6 号 403 頁	49
最決平成 17 年 10 月 7 日刑集 59 巻 8 号 1108 頁	164
最判平成 19 年 9 月 18 日刑集 61 巻 6 号 601 頁	17
最決平成 20 年 2 月 18 日刑集 62 巻 2 号 37 頁	155-7
最決平成 20 年 5 月 19 日刑集 62 巻 6 号 1623 頁	166
最決平成 20 年 5 月 20 日刑集 62 巻 6 号 1786 頁	66
最決平成 20 年 6 月 25 日刑集 62 巻 6 号 1859 頁	71
最決平成 20 年 7 月 17 日裁判集刑事 294 号 869 頁	19
最決平成 20 年 11 月 10 日刑集 62 巻 10 号 2853 頁	21
最決平成 21 年 2 月 24 日刑集 63 巻 2 号 1 頁	72
最決平成 21 年 6 月 30 日刑集 63 巻 5 号 475 頁	93-4, 96
最判平成 21 年 11 月 30 日刑集 63 巻 9 号 1765 頁	152
最決平成 21 年 12 月 7 日刑集 63 巻 11 号 1899 頁	59
最決平成 22 年 7 月 29 日刑集 64 巻 5 号 829 頁	151
最決平成 22 年 9 月 7 日刑集 64 巻 6 号 865 頁	194
最決平成 22 年 10 月 26 日刑集 64 巻 7 号 1019 頁	56
最決平成 23 年 12 月 19 日刑集 65 巻 9 号 1380 頁	100-1
最決平成 24 年 1 月 30 日刑集 66 巻 1 号 36 頁	120
最決平成 24 年 2 月 13 日刑集 66 巻 4 号 405 頁	60
最決平成 24 年 7 月 9 日裁判集刑事 308 号 53 頁	9
最決平成 24 年 7 月 24 日刑集 66 巻 8 号 709 頁	121
最決平成 24 年 10 月 9 日刑集 66 巻 10 号 981 頁	155, 158
最決平成 24 年 11 月 6 日刑集 66 巻 11 号 1281 頁	87-8

最決平成 26 年 3 月 28 日刑集 68 巻 3 号 646 頁　　　　　　　　　　152
最決平成 26 年 4 月 7 日刑集 68 巻 4 号 715 頁　　　　　　　　　　152
最決平成 29 年 3 月 27 日刑集 71 巻 3 号 183 頁　　　　　　　　　　187
最決平成 29 年 4 月 26 日刑集 71 巻 4 号 275 頁　　　　　　　　63, 66
最決平成 29 年 12 月 11 日刑集 71 巻 10 号 539 頁　　　　　　　　　90

高等裁判所
東京高判昭和 28 年 1 月 31 日東高刑時報 3 巻 2 号 57 頁　　　　　　172
福岡高判昭和 28 年 11 月 10 日高刑判特 26 号 58 頁　　　　　　　　25
名古屋高判昭和 30 年 12 月 13 日高刑裁特 2 巻 24 号 1276 頁　　　　138
広島高判昭和 36 年 7 月 10 日高刑集 14 巻 5 号 310 頁　　　　　　　26
福岡高判昭和 57 年 9 月 6 日高刑集 35 巻 2 号 85 頁　　　　　　　　108
大阪高判昭和 59 年 7 月 27 日高刑集 37 巻 2 号 377 頁　　　　　　　185
大阪高判昭和 62 年 7 月 10 日高刑集 40 巻 3 号 720 頁　　　　　87, 90
福岡高宮崎支判平成元年 3 月 24 日高刑集 42 巻 2 号 103 頁　　　　　114
東京高判平成 13 年 2 月 20 日判例時報 1756 号 162 頁　　　　　　　38
名古屋高判平成 14 年 8 月 29 日高等裁判所刑事裁判速報集（平 14）134 頁（判例時報
　1831 号 158 頁）　　　　　　　　　　　　　　　　　　　　　　　95
札幌高判平成 19 年 9 月 25 日刑集 62 巻 10 号 2900 頁　　　　　　　21
東京高判平成 19 年 12 月 18 日判例時報 1995 号 56 頁　　　　　　　19
大阪高判平成 21 年 10 月 8 日刑集 65 巻 9 号 1639 頁　　　　　　　102
大阪高判平成 21 年 10 月 23 日判例時報 2166 号 142 頁　　　　　　　10
東京高判平成 21 年 11 月 16 日判例時報 2103 号 158 頁　　　　　　132

地方裁判所
熊本地判昭和 54 年 3 月 22 日刑月 11 巻 3 号 168 頁　　　　　　　107
東京地判昭和 59 年 6 月 28 日刑月 16 巻 5 = 6 号 476 頁　　　　　　144
福岡地小倉支判昭和 63 年 1 月 28 日刑集 43 巻 5 号 410 頁　　　　　186
大阪地判平成 2 年 4 月 24 日判例タイムズ 764 号 264 頁　　　　　　94
京都地判平成 18 年 12 月 13 日判例タイムズ 1229 号 105 頁　　　　101
奈良地判平成 21 年 4 月 15 日刑集 66 巻 4 号 440 頁　　　　　　　　60

簡易裁判所
旭川簡判平成 19 年 3 月 9 日刑集 62 巻 10 号 2890 頁　　　　　　　21
東京簡判平成 19 年 3 月 26 日 LEX/DB28145132　　　　　　　　　20
東京簡判平成 19 年 5 月 7 日公刊物未登載　　　　　　　　　　　　　19

大 審 院
大判明治 44 年 2 月 27 日刑録 17 輯 197 頁　　　　　　　　　　　　4
大判明治 45 年 6 月 20 日刑録 18 輯 896 頁　　　　　　　　　　　120
大判大正 8 年 12 月 13 日刑録 25 輯 1367 頁　　　　　　　　　　　　8
大判大正 12 年 4 月 30 日刑集 2 巻 378 頁　　　　　　　　　　　　38
大判昭和 5 年 9 月 18 日刑集 9 巻 668 頁　　　　　　　　　　　　185
大判昭和 15 年 8 月 22 日刑集 19 巻 540 頁　　　　　　　　　　　　4

事 項 索 引

ア 行

新しい違法状態維持説	170
意思説	175
萎縮効果	13
異常な取引	161
一部露出	8
一般的な職務権限を異にする他の職務	192
移転性	130
イトマン絵画事件	164
因果関係の錯誤	32
因果性遮断説	94
隠避	185
ウイニー事件	101
迂回融資	162
大阪南港事件	55
遅過ぎた構成要件実現	35
汚泥処理偽装事件	150

カ 行

外傷後ストレス障害（PTSD）	121
下位の法規範	14
外部的名誉	123
拡張解釈	7
関し	190
間接正犯除外犯罪	42
間接正犯と教唆犯の錯誤	42
危険性評価	23
危険の現実化	53
汽車	4
既遂故意	33
偽造	175
偽造処方箋事例	149
帰属説	175
寄付金詐欺	149
岐阜県青少年保護育成条例事件	16
基本的人権尊重主義	158
基本的人権保障主義	3, 157
客観的危険説	23
急迫	65
教唆犯	41

共同間接正犯	83
共同正犯関係からの離脱	93
共同正犯関係の解消	93
共犯関係からの離脱	93
共謀共同正犯否定説	81
虚偽公文書作成罪	42
虚偽の陳述	187
具体的危険説	23
具体的事実の方法の錯誤	77
具体的法定符合説	77
熊撃ち事件	54
熊本水俣病事件	107
クロロホルム事件	32
警察官の犯罪捜査に関する職務権限	194
形式的個別財産説	147
刑罰権の憲法上の正当化根拠	2
刑罰の目的・機能	2
刑罰法規の明確性	14
刑法解釈の独立性	135
刑法の謙抑性	30
刑法の目的	1
結果回避行為	76
厳格解釈の要請	7
行為意思	24
行為の意味	23
効果説	175
航空管制官誤指示事件	56
行使の目的	24
構成要件的過失	75
構成要件的故意	75
高速道路進入事件	55
交通事件原票中の供述書	181
公的性格	156
公務員の作成すべき文書	5
公務性	191-2
国際運転免許証	180
誤想過剰防衛	79

サ 行

罪刑法定主義	3
財産上の利益	130

199

財産的価値	129
再生スキーム事件	166
再入国許可申請書	177
財物	130
財物罪	129
作為義務	47
作為義務者	49
作成	176
作成権限	176
作成者	175
作用必要説	105
作用不問説	105
36条1項の趣旨	64
時間的広がりの問題	189
事後的過剰	71
自殺	111
自殺関与罪	112
事実説	175
自然的行為	31
実質的個別財産説	147
質的過剰	71
社会的相当性説	57
写真コピー	5
住専事件	162
従犯	41
——の故意	100
自由保障	1
主観的名誉	123
出頭義務	184
純粋性説	189
条件関係公式	53
承諾	58
食品衛生法違反事件	17
職務密接関連行為	190
所持	85
侵害終了後の反撃行為	69
侵害の継続	69
人権侵害防止（目的）	3, 158
身体完全性侵害説	117
真犯人説	183
信頼性説	189
スワット事件	84
正当防衛権	65
正犯	41

——の背後の正犯	41
生理的機能障害説	118
責任減少説	70
責任故意	77
責任主義	3
世田谷区清掃・リサイクル条例事件	19
積極的安楽死	59
積極的加害意思	63
窃盗	141
切迫した危険	30
総合判断説	57
相当因果関係説	53
その職務	190-1
——に関し	192
そのまま解釈	7

タ　行

対価関係	190
大学設置委員会	193
だまされたふり作戦	90
段階的規制	20
秩序維持	1
着手	29
抽象的事実の方法の錯誤	76
中立的行為	99
治療中止	59
陳列した	10
追求権	169
追求権説	170
追求利益	170
罪を犯した者	184
罪を犯す意思	77
定型説	23
同意	58
同一時点における広がりの問題	190
搭乗券詐欺事件	151
同姓同名	180
盗品等の正常な回復	169
徳島市公安条例事件	14
ドル・バイブレーター事件	149

ナ　行

内閣総理大臣の職務	194
日常用語的語義	4

認識ある過失	75	北海道迷惑防止条例事件	21
練馬事件	82	北國銀行事件	163
		本犯助長性	169

ハ　行

マ　行

排除意思	141	身柄拘束直前の客観的嫌疑	184
排他的支配	49	身代わり犯人	186
判断基底	53	未成年者事例	147
引受	48	名義	175
人の名誉	123	名義人	175
広島市暴走族追放条例事件	17	——と作成者との人格の同一性	175
福岡県青少年保護育成条例事件	15	名誉感情	123
侮辱	125		

ヤ　行

不正の侵害	65	やむを得ずにした行為	65
物的庇護説	170	優越的利益説	57
布団むし事件	54	有形偽造	176
不法原因給付	136-7	有体物	130
不法債権	135	予見可能性	76
不法債務	135		

ラ　行

不明確な刑罰法規	13	利益関与説	170
文理解釈	7	利益罪	129
防衛するため	65	理事会決議録	179
防衛の程度を超えた行為	70	利用意思	141
法益保護	1	量的過剰	71
法益保護主義	3, 7	領得	141
幇助	100	履歴書	178
法人を被害者とする侮辱罪	125	類型性評価	23
法律的財産説	135	類推（解釈）禁止	3
捕獲行為	9		
保障者	49		
母体一部傷害説	105		

事 項 索 引　　**201**

著者紹介

設楽　裕文（したら　ひろぶみ）

　　現職　日本大学法学部教授
　主要著書
　　単著　『刑法解釈論』八千代出版、2020 年
　　　　　『刑法』学陽書房、改訂版、2006 年
　　編著　『法学刑法 1 総論』信山社、2010 年
　　　　　『法学刑法 2 各論』信山社、2010 年
　　　　　『法学刑法 3 演習（総論）』信山社、2010 年
　　　　　『法学刑法 4 演習（各論）』信山社、2010 年
　　　　　『法学刑法 5 判例インデックス 1000〈コンメンタール〉』信山社、2012 年
　　共編著　『Next 教科書シリーズ　刑法総論』弘文堂、2018 年
　　　　　『Next 教科書シリーズ　刑法各論』弘文堂、2017 年
　　　　　『現代の判例と刑法理論の展開』八千代出版、2014 年
　　　　　『現代社会型犯罪の諸問題』勁草書房、2004 年

刑法の目的と解釈

2019 年 9 月 30 日　第 1 版 1 刷発行
2020 年 9 月 30 日　第 1 版 2 刷発行

著　　　者—設 楽 裕 文
発 行 者—森 口 恵美子
印 刷 所—三 光 デ ジ プ ロ
製 本 所—グ リ ー ン
発 行 所—八千代出版株式会社

　　　〒 101-0061　東京都千代田区神田三崎町 2-2-13
　　　TEL　03-3262-0420
　　　FAX　03-3237-0723
　　　振 替　00190-4-168060

＊定価はカバーに表示してあります。
＊落丁・乱丁本はお取り替えいたします。

ISBN 978-4-8429-1756-6　　© 2019 H. Shitara